En route vers le ciel

Dany Ferrolliet

© 2018, Dany Ferrolliet
Éditeur : BoD – Books on Demand,
12/14 rond-point des Champs Élysées, 75008 Paris
Impression : Bod – Books on Demande, Allemagne

ISBN : 9782322118137

Dépôt légal : mars 2018

*Je dédie ce livre

à ma fille et à ma petite-fille.*

PRÉFACE

Ce livre a pour référence la « Bible » qui est la Parole de Dieu dans laquelle sont inscrites les *Vérités* et les enseignements à écouter et à suivre, si l'on veut arriver au salut, et où le lecteur pourra y voir en s'y référant que les réponses à beaucoup de questions qu'il peut se poser y sont contenues.

Ce livre, qui a été écrit simplement pour la compréhension de tous, a pour but d'*approcher* quelques réalités – et quelques logiques – sur des questions que beaucoup de gens se posent quant à leur devenir, leur passage sur cette terre, sur « Dieu » dont nous parlerons dans le premier chapitre, sur cette « vie éternelle » dont nous parlent les Écritures et qui paraît à beaucoup de gens si irréelle, si incroyable, et pourtant...

Cet ouvrage espère apporter, comme l'enseigne la Sainte Bible, l'espoir au croyant sincère. Les personnes qui le liront devront savoir que nul n'est oublié par notre Créateur, et que — malgré les tracas et les drames de la vie — on peut avoir du bonheur ici-bas.

Ce livre a surtout pour but d'aller à l'essentiel dans ce monde tourmenté et de faire connaître ce qui est important de savoir sur ce que nous demande notre Dieu, c'est-à-dire nos devoirs envers lui, et de s'interroger sur le pourquoi de notre passage sur terre et sur la vie future, et veut avoir des réponses par la Parole de Dieu.

Mais, la « vie éternelle » que nous promettent les Saintes Écritures et le Christ lui-même, qu'en est-il ? Que faut-il faire pour y accéder ? On peut déjà répondre que la préparation se fait sur cette terre et que le chemin qui y conduit se prend et se suit ici-bas.

Ce livre désire apporter son modeste concours d'espérance dans cet immense océan qu'est l'école de la vie, dans lequel beaucoup de gens qui, au lieu de s'y perdre, tireront un espoir, un espoir qui peut devenir, s'ils le souhaitent, un grand espoir. Tel est le message biblique.

Cet ouvrage est basé sur les vérités divines et a également pour but de mettre en avant l'existence, le caractère de Dieu et de Ses lois, de montrer l'importance pour l'homme de s'attacher à son Créateur, de démontrer que les preuves de Son existence sont partout et que, sans Dieu dans notre vie, aucun vrai bonheur n'est possible. Même quelqu'un qui paraît comblé par la vie ne peut être ni totalement ni constamment heureux sans lui.

Car l'homme qui a été créé – ne l'oublions pas – ne peut marcher droit et être bien, s'il n'a pas son Créateur pour le guider ; c'est ce qui est démontré dans la Genèse et tout au long du Saint Livre de Dieu. Même celui qui est seul, qui se sent abandonné, découragé – qu'il soit sans famille ou sans amis – doit savoir que même si ses parents aussi le quittent un jour, il y a dans le ciel un Père Éternel qui attend qu'il se tourne vers lui et qui le consolera. Soyons-en sûrs.

Chaque chapitre de ce livre a été longuement médité à la lumière des Saintes Écritures avec l'aide de Dieu et de Son Esprit-Saint, sans qui la rédaction de cet ouvrage n'aurait sûrement pas été possible. Et c'est à la demande de beaucoup de personnes intéressées par les sujets qui vont suivre que ce livre a été écrit.

Il servira aussi à éclairer ceux qui sont avides de savoir comment répondre à beaucoup de questions qu'ils se posent, et qui souvent restent sans réponses, ce qui peut les éloigner de leur Dieu. Cet ouvrage n'a toutefois pas la prétention de tout expliquer, mais de s'en tenir à ce que le Seigneur a voulu que nous sachions et communiquions.

Le Seigneur est prêt à donner à toutes les personnes qui lui demandent sincèrement, la nourriture quotidienne et vitale, c'est-à-dire les paroles qui sortent de Sa bouche et dont elles ont besoin.

« Donne-nous aujourd'hui notre pain quotidien et que ton règne vienne », est-il demandé dans la prière le « Notre Père » instituée par Jésus. La Bible dit : « L'homme ne vivra pas de pain seulement, mais de toute parole qui sort de la bouche de Dieu » — *Deutéronome 8:3*, *Matthieu 4:4* et *Luc 4:4*. Or, le pain est un aliment que l'on consomme tous les jours. On doit encore plus se nourrir quotidiennement des paroles de Dieu qui sont la nourriture spirituelle et vitale pour l'homme.

Il est vrai qu'il est difficile à notre époque — où tant de loisirs, de distractions en tout genre, de facilités pour les mœurs et la morale, où tant de choses sont exposées pour nous tenter — qu'il devient difficile de parler de ces choses aussi sérieuses que *vitales* qui pourtant viennent du Créateur.

Ce livre s'adresse au bon sens de l'être humain et se veut un livre d'espoir. Que l'homme sache que Celui qui l'a créé ne désire que son bonheur même en tant qu'homme pécheur.

S'il se confie en son Dieu, Dieu le gardera. Cependant, il ne faut pas barrer la route au Seigneur, en allant contre Ses lois et Sa justice, et ainsi atteindre les limites de Sa patience. Hélas, beaucoup de gens contrecarrent la compassion de Dieu et se privent ainsi de Ses bénédictions, qui pourtant sont déversées malgré tout.

Il saura aussi que sa vie ne finit pas dans la tombe et qu'il y aura un jugement annoncé par toute la Bible, et donc une résurrection pour tous.

* * *

En route vers le ciel

Chapitre 1

Connaître Dieu

Pour commencer ce livre, il nous faut d'abord parler de Dieu. Qui est-Il ? Comment s'adresse-t-Il à nous ? La Bible nous dit que Dieu est l' « Éternel », « le seul vrai Dieu ». Le Seigneur dit : « En dehors de moi, il n'y en a point d'autre, je suis Dieu et personne n'est semblable à moi » — voir *Ésaïe 45 : 21,22 ; 46 : 9*. « Je suis l'Éternel, c'est là mon nom », selon *Ésaïe 42 : 8*. Dieu se présente dans les Saintes Écritures comme le « Seigneur des armées », le « Créateur de toute chose et de toute vie » et le « Dieu Tout Puissant ».

Nous ne voyons pas Dieu, mais Sa présence est partout dans la nature. Toute la nature parle, et nous parle du Créateur. Nous-mêmes ne sommes-nous pas une preuve vivante de Son existence ? Qui nous a créés ? Qui nous a façonnés ? Qui fait fonctionner notre organisme avec toute sa complexité ? Cette minutieuse précision et tout son fonctionnement se font automatiquement par la puissance de Celui qui l'a créée, tout comme Il fait fonctionner les mécanismes de toute la création et de tout l'Univers.

Dieu, si élevé qu'Il soit au-dessus de nous, s'occupe minutieusement de notre petite personne ; c'est la vie qu'Il nous a mise en nous qui la fait fonctionner si merveilleusement.

On peut alors se poser tout naturellement ces questions : Ce Dieu que l'on ne voit pas, qui est-Il ? Où est-Il ? Or, si on ne Le voit pas et qu'Il existe, c'est parce qu'Il est invisible pour l'homme. « Dieu est esprit », a dit Jésus. Cela ne veut pas dire qu'Il n'existe pas. On voit bien qu'un grand nombre de gens vivent comme si Il n'existait pas, mais l'homme borné et limité ramène tout à sa vision et à sa dimension, et certaines personnes en arrivent ainsi à douter ou à nier Son existence. Elles en arrivent à dire que l' « immensité » est le néant, la vie, le fruit du hasard, etc., ou qu'elle a été causée par l'*évolution* (comme le prône la fameuse théorie de Charles Darwin).

Mais voilà, le bon sens nous fait dire que rien de ce qui existe n'a pu se faire seul. Et là, seule l'intelligence peut répondre et reconnaître que, s'il y a une *création*, il y a également un *Créateur*, car la nature dans son ensemble est une création, une organisation et une œuvre. Et quelle œuvre ! La Bible appelle ceux qui nient l'existence de Dieu des « insensés », c'est-à-dire des êtres dénués de bon sens. — *Proverbes 8 : 5.*

Dieu n'a pas la constitution d'un être humain, car Il n'est pas fait de chair et de sang. Il est esprit. Il est partout dans l'immensité. Il est le maître de l'univers, de toutes vies, de tous les mondes créés et des êtres célestes. Il est le grand « Je suis », le « Tout Puissant ». Il n'est pas donné à l'homme de comprendre la nature de Dieu et Ses profondeurs. L'homme doit s'en tenir à ce que Dieu lui laisse comprendre.

Il est écrit que « les choses révélées sont pour l'homme, et les choses cachées appartiennent à Dieu ». — *Deutéronome 29:29.*

Il se présente dans les Saintes Écritures comme « un Dieu jaloux, riche en bonté et en fidélité, qui pardonne l'iniquité de celui qui le craint, mais ne tient pas le coupable pour innocent ». — voir *Nombres 14:18 ; Exode 34:7 ; 1 Jean 1:9.*

Dieu aime Sa créature, mais ne tolère pas le péché, même si beaucoup de gens pensent le contraire. Mais, pourrait-on se demander, pourquoi l'homme meurt-il, si Dieu aime Sa créature ? C'est le péché qui tue l'homme et le prive de la gloire de l'Éternel.

Dieu a dit à Adam en Éden : « Si tu manges du fruit de l'arbre que je t'ai défendu, tu mourras. » — *Genèse 2:17.* Adam ayant désobéi a dû passer par la mort, et y a entraîné toute sa descendance, dont nous faisons partie. Un corps souillé par le péché ne pouvait engendrer des corps sains. Nous le voyons, c'est la désobéissance qui a fait que tout homme doit mourir, « car tous ont péché et sont privés de la gloire de Dieu » est-il écrit, et « l'âme qui pèche, c'est celle qui mourra » — *Romains 3:23 ; Ézéchiel 18:3*.

Cette sentence que Dieu a prononcée contre Adam et Ève était sans appel, et serait restée telle si le Christ n'avait pas offert Son sang pur pour laver le péché de l'homme.

Il est écrit dans *Hébreux 9 : 22* que « sans effusion de sang il n'y a point pardon », car le péché d'Adam et Ève était si grave aux yeux de Dieu qu'il n'aurait pu être effacé, entraînant ainsi l'homme pécheur à la mort éternelle.

Mais Dieu dans Son amour n'a pas voulu abandonner l'homme à la mort. Un plan de rédemption prévu et conçu avant la création de l'homme, fut mis en place ; c'est ainsi qu'un Rédempteur est apparu sur terre au temps fixé pour sauver ce qui était perdu.

En créant l'homme libre, Dieu savait que Sa créature pouvait lui désobéir. Pour cela, Il a établi des lois et des commandements pour que l'homme sache exactement ce qu'il devait *faire* et *ne pas faire*. Mais, malgré ces lois, Adam et Ève ont désobéi.

Sans les lois de Dieu, l'homme perd tout discernement, toute sagesse, et ne peut donc bien agir s'il n'est livré qu'à lui-même. C'est pourquoi suivre les lois de Dieu est impératif pout tout homme. Dieu pardonne l'iniquité de celui qui lui obéit, qui Le craint, se repent et implore Son pardon au nom du Christ. Il ne saurait pardonner celui qui n'a aucune envie de Son pardon ou qui ne fait rien pour l'obtenir.

Il faut dire que dans la vie de tous les jours aujourd'hui, Dieu n'a pas vraiment Sa place, en tout cas, pas toute Sa place, et donc pas la première place, la seule qui doit lui être réservée.

Pourtant, au jour du jugement, l'homme n'aura aucune excuse s'il n'a pas consacré du temps pour le Seigneur, s'il n'a pas mis en pratique les commandements que Jésus conseille expressément d'observer, dont celui-ci : « tu aimeras le Seigneur ton Dieu de tout ton cœur de toute ton âme, de toutes tes forces et de toute ta pensée, et ton prochain comme toi-même ».

Jésus affirme que c'est le premier et *le plus grand* des commandements. — *Matthieu 22:37-40*.

Or, ce Dieu — que l'on ne voit pas et qu'il faut chercher, c'est vrai —, a dit à nos premiers parents après leur péché : « Tu me chercheras à tâtons ». Puis dans *Jérémie 29:13*, il dit « vous me chercherez, et vous me trouverez, si vous me cherchez de tout votre cœur ». Il faut donc le chercher, mais Il se laisse trouver par celui qui le cherche vraiment.

Il déclare à l'homme déchu : « Revenez à moi et je reviendrai à vous » — *Malachie 3:7* ; voir aussi *Joël 2:12*. « Pourquoi mourriez-vous ? (…) Changez et vivez ». Ainsi, Il demande à l'homme de changer et de vivre éternellement, selon *Ézéchiel 18 : 31, 32*. Dieu dit bien que si on ne change pas, on ne peut entrer au Paradis. C'est au moment du jugement qu'il y aura « des pleurs et des grincements de dents » pour ceux qui vivent dans l'illusion sur la terre sans penser à Dieu et à la vie à venir, a dit Jésus.

Sans Dieu dans notre vie de tous les jours, aucun vrai bonheur n'est possible même si l'on se dit heureux de vivre.

Quand Dieu chassa Adam et Ève du jardin d'Éden, Il dit à Adam « puisque tu as désobéi, la terre sera maudite à cause de toi, elle te produira des ronces et des épines, et c'est à la sueur de ton front que tu en tireras ta nourriture, tous les jours de ta vie, jusqu'à ce que tu retournes dans la poussière, d'où tu as été tiré, car tu es poussière et tu retourneras dans la poussière ». — *Genèse 3:17-19*. Dieu n'a pas menti. C'est hélas ce qui attend toute créature. Nous constatons aussi que, malheureusement, la mort est une chose d'épouvante à laquelle toute créature doit s'attendre.

La malédiction a touché aussi le monde animal qui par voie de conséquence subit le même sort. D'abord l'homme est souillé par hérédité, un corps entaché par la souillure du péché ne peut engendrer de corps sains. Par conséquent, nous continuons de nous souiller par nos propres péchés.

Cette présentation de Dieu met en relief Son caractère de justice et d'amour, tel que nous le démontrent les Saintes Écritures.

En premier temps, Dieu a créé l'homme pour qu'il vive heureux. Si l'humanité avait suivi les voies que lui montrait son Créateur, Dieu aurait déversé sur elle toutes Ses bénédictions, toute Sa grâce, tous Ses bienfaits, tout Son amour, et l'homme aurait vécu éternellement dans un bonheur sans limite.

En deuxième temps, Dieu se présente comme un Dieu plein de bonté et d'amour pour Sa créature. Dieu est aussi jaloux vis-à-vis des nombreuses idoles que l'homme se fabrique pour le braver.

Adam et Ève en premier ont su ce qu'il en coûtait d'enfreindre les lois du Seigneur et Son interdiction, en écoutant l'ennemi de Dieu, le diable, dont nos premiers parents connaissaient l'existence et les ruses. La sentence que Dieu prononça contre Adam et Ève n'avait d'égale que la gravité de leur acte pour s'être laissés tromper par le tentateur, malgré les avertissements de leur Dieu.

Mais cette présentation a pour but également de montrer que Dieu est amour, à savoir un amour que nous mortels ne pouvons ni sonder ni comprendre. Tout en exerçant Sa justice à travers le plan de la rédemption, Dieu a donné à l'homme la possibilité de se racheter, et Il lui a donné tout le temps de sa vie terrestre pour le faire. Voilà un immense espoir qui est offert à l'homme pour revenir vers son Dieu ! Et c'est cet immense espoir qu'il faut surtout souligner.

Avec cette première approche on pourra comprendre pourquoi l'homme se trouve dans une condition qu'il ne comprend pas très bien, surtout quand on lui dit que Dieu est bon alors que le monde est confronté à tant de misère.

Ce qui manque à l'homme c'est la connaissance de Dieu et des Saintes Écritures signées du doigt de Dieu lui-même.

C'est en se rapportant à Son saint livre que l'on pourra comprendre le pourquoi sur bien des questions qu'on peut se poser. Et si l'être humain connaissait vraiment son créateur Dieu, le Père Éternel, il verrait combien Son amour et Sa bonté se laissent toucher du doigt. L'homme saurait que marcher avec Dieu signifie entrer dans la vie éternelle, bonheur ineffable de tous les instants en présence du Seigneur de gloire.

Chapitre 2

Jésus Christ

Tout au long de ce livre, il sera parlé du Christ et de Son œuvre : Jésus, le centre de l'univers ; Jésus, devant qui tout genou fléchira (— *Romains 14:11*) ; Jésus dont il est dit que toutes choses ont été faites par lui et pour lui.

Écoutons l'apôtre Jean parler de lui au début de Son Évangile : « Au commencement était la Parole (Jésus), et la Parole était avec Dieu, et la Parole était Dieu. Elle était au commencement avec Dieu. Toutes choses ont été faites par elle, et rien de ce qui a été fait n'a été fait sans elle. » — *Jean 1:1-3*. « La Parole a été faite chair, et elle a habité parmi nous, pleine de grâce et de vérité. » — *Jean 1:14*.

Jésus notre ami nous a tant aimé jusqu'à donner Sa vie pour nous sauver, lui qui était pur et sans péchés. La venue de Jésus sur la terre est l'événement le plus important dans l'histoire de l'humanité. L'homme ferait bien de s'y intéresser avant toute chose, car son salut en dépend. Sa présence qui à elle seule rassemblait les foules, Sa doctrine, qui n'était que justice, vérité et paix, Ses puissants miracles que beaucoup de gens modernes se plaisent à discuter ou même à nier.

> Or les grands miracles opérés par Jésus devaient prouver au monde Sa divinité et qu'Il était envoyé de Dieu. — Ellen G. White, *Patriarches et Prophètes*, chap. 28, p. 303.

C'est par Jésus que nous connaissons Dieu, c'est lui qui nous a fait connaître le Père.

Les témoins oculaires que le Christ a laissés sur terre ont attesté et détaillé les grands miracles et les œuvres accomplies par écrit (en tout cas quelques-uns de Ses miracles et quelques-unes de Ses œuvres) pour ne pas en douter.

Jésus reviendra dans Sa gloire comme Il l'a promis. Il prendra alors avec lui, ceux qui l'auront suivi chaque jour, ceux qui auront mené son combat et gardé Ses vérités. Ceux-là hériteront du Paradis, car ils auront lavé leur robe dans le sang du Sauveur. Il dira alors aux siens « Venez, vous qui êtes bénis de mon Père, venez prendre possession du royaume qui vous a été préparé depuis le commencement du monde ». — *Matthieu 25:34.*

C'est par Jésus que nous arrivons à Dieu. Il dit : « Je suis le chemin, la vérité, et la vie, nul ne vient au Père que par moi » — *Jean 14:6.* Il dit aussi : « Sans moi vous ne pouvez rien faire » — *Jean 15:5.* Il faut aussi comprendre pourquoi le Fils de Dieu a dû se faire homme.

Ellen G. White, auteure de nombreux écrits sur la Bible, affirme à ce sujet :

> En descendant sur terre, Jésus a dû voiler Sa divinité sous notre humanité, s'Il était venu parmi nous auréolé de l'éclat céleste, le séjour parmi les hommes ne lui eut pas été possible, ceux-ci n'auraient pu supporter le rayonnement de Sa présence, pour que nous puissions le contempler, sans être détruits car on ne peut voir Dieu et rester en vie. Voilà pourquoi Il se revêtit d'une chair semblable à notre chair de péché, seul moyen d'atteindre notre race déchue et de la relever. — Ellen G. White, *Patriarches et Prophètes*, chap. 28, p. 303.

Les anges eux-mêmes ne peuvent se montrer à l'homme, sans que celui-ci soit fortement éprouvé au point de tomber comme mort, nous est-il dit. Aussi prennent-ils, quand il est nécessaire, des formes humaines. Des exemples nous sont donnés dans la Bible.

> Tout comme l'ange du Seigneur, qui descendit du ciel, il y eut alors un grand tremblement de terre, et vint rouler la pierre du tombeau du Christ, Son aspect était comme l'éclair, les gardes tremblèrent de peur et devinrent comme morts. — *Matthieu 28:2-4*.

Charles Gerber dans son livre *Les sentiers de la foi* nous écrit la personnalité du Christ dans ce qui ressort de la Parole de Dieu :

> Jésus Christ est Dieu, étant de la même nature que le Père Éternel, sans renoncer à Sa nature divine, Il revêtit la nature humaine, vécut sur la terre comme homme, donnant dans Sa vie et dans Ses enseignements, l'exemple de la perfection, attestant Ses rapports avec Dieu par de puissant et nombreux miracles mourant sur la croix pour nos péchés, ressuscitant des morts, et remontant vers Son Père, où Il intercède en notre faveur.

Jésus — le Fils unique de Dieu

Jésus est bien plus qu'un « prophète ». Tout en étant prophète, Il est le *Fils unique de Dieu*.

Dieu a fait entendre Sa voix du haut des cieux lors du baptême de Jésus. Il désigne Jésus par ces paroles : « Celui-ci est mon Fils bien-aimé, en lui j'ai mis toute mon affection ». Devant un grand nombre de témoins, Dieu redit ces mêmes paroles à travers le ciel lors de la transfiguration du Christ et ajoute « Écoutez-le » — *Matthieu 17:5*.

C'est en ces jours bénis que Dieu fit entendre Sa voix des cieux, et désigna Jésus comme Son Fils bien-aimé.

Jésus — Dieu

Or ce Fils bien-aimé est présenté dans la Bible comme étant pleinement Dieu. L'apôtre Jean montre bien, et avec force, au commencement de Son Évangile que **_le Christ est non seulement divin, mais pleinement Dieu_**. Jean applique à Jésus le nom qui désigne le « Très Haut » dans la phrase « et la Parole était Dieu ».

Le texte dit exactement :

> Au commencement était la Parole, et la Parole était avec Dieu et la Parole était Dieu... et la Parole a été faite chair, et elle a habité parmi nous, pleine de grâce et de vérité, et nous avons contemplé Sa gloire, une gloire comme la gloire du Fils unique du Père. — *Jean 1:1-4.*

Lorsque le Christ ressuscité se présente devant Thomas qui restait sceptique, mais qui a dû reconnaître tant d'évidences. Quand Jésus lui montra les marques de Sa crucifixion, Il s'écria : « Mon Seigneur et mon Dieu » — *Jean 20:28.*

Or le Sauveur n'a ni repris, ni contredit d'aucune manière le fait que Thomas l'appelle « Mon Dieu ». Jésus reviendra dans Sa gloire comme Il le déclare aussi dans le livre de l'Apocalypse :

> Je suis l'Alpha et l'Oméga, dit le Seigneur, *celui qui est, qui était et qui vient le Tout Puissant* » — *Apocalypse 1:8.*

> « Voici Il vient sur les nuées et tout œil le verra » — *Apocalypse 1:7.*

Chapitre 3

Le Saint-Esprit

Il n'est pas donné à l'homme d'imaginer, ni d'essayer de comprendre la nature du Saint-Esprit. Son existence est un mystère. Certes, Jésus s'est fait connaître et nous a fait connaître Dieu le Père, mais Dieu ne nous a pas révélé ce mystère qui demeure trop profond pour l'entendement humain.

Son importance est telle que Jésus déclare que « celui qui péchera contre le Saint-Esprit ne sera jamais pardonné, ni dans ce siècle, ni dans les siècles à venir » — *Luc 12:10*. Il sera sujet à une « condamnation éternelle » — *Marc 3:29*.

Le Saint-Esprit sonde tout, même les profondeurs de Dieu, est-il écrit — *1 Corinthiens 2:10*.

Jésus parle de l'Esprit comme une personne qui éprouve des sentiments : « N'attristez pas le Saint Esprit de Dieu, par lequel vous avez été scellés pour le jour de la rédemption ». — *Éphésiens 4:30*. Le « blasphème contre le Saint-Esprit » qui est décrit dans *Matthieu 12:31*, ne sera jamais pardonné.

Poussés par le Saint-Esprit, des hommes ont parlé et écrit de la part de Dieu. Jésus a dit à Ses disciples, qui allaient prêcher en Son nom et qui pouvaient se faire emmener devant les autorités :

> Ne vous inquiétez pas d'avance de ce que vous aurez à dire, mais dites ce qui vous sera donné à l'heure même, car ce n'est pas vous qui parlerez, mais c'est l'Esprit Saint. — *Marc 13:11*.

Lors du baptême du Christ, il est écrit que lorsque Jésus sortit de l'eau, les cieux s'ouvrirent, et Il vît l'Esprit de Dieu descendre comme une colombe sur lui. — *Matthieu 3:16*. Le Saint-Esprit est envoyé par Dieu au nom de Jésus. — *Jean 14:26*. Le Saint-Esprit nous fait voir des péchés que nous ne voyons pas.

Le Saint-Esprit nous convainc du péché et nous en fait prendre conscience, et si nous le reconnaissons, Il nous pousse à la repentance. — *Jean 16:8*.

Le Saint-Esprit est l'instructeur et le guide permanent de ceux qui recherchent Dieu de tout leur cœur. — *Jean 16:13*.

Le Saint-Esprit, l'Esprit de vérité, est le seul à même d'enseigner la vérité divine. — *1 Corinthiens 2:11 ; Jean 14:26*.

> [Le consolateur] vous conduira dans toute la vérité, a dit Jésus à Ses disciples, Il vous rappellera tout ce que je vous ai dit. — *Jean 16:13*.

Dans *Tite 3:5*, il est dit que le Saint-Esprit est capable de restaurer nos facultés physiques et corporelles, mentales et spirituelles aux disciples du Christ et aux vrais croyants.

Le Saint-Esprit ne descend que dans le cœur qui est prêt à Le recevoir.

L'apôtre Pierre dit que « Dieu accorde le Saint-Esprit à ceux qui persévèrent dans l'obéissance ». Le Saint-Esprit procède en même temps du Père et du Fils — *Jean 14:15 ; 15:6 ; 16:7 et 16:13-14*.

Le Saint-Esprit annonce aux disciples du Christ les choses à venir. — *Jean 16:13-14*.

Sans le Saint-Esprit pour guide, nous sommes dans la confusion, car Il est l'autorité suprême en matière de foi et de doctrine. L'Esprit de Dieu nous aide à la compréhension des Écritures. L'action du Saint-Esprit est capitale pour l'homme. Il rappelle aux vrais croyants tout ce qu'a dit Jésus. — *Jean 14:26 ; 15:26*.

> Jésus nous assiste par Son Esprit que lui-même a désigné comme Son successeur sur la terre. — Charles Gerber, *Les sentiers de la foi*, p. 181.

Le Saint-Esprit n'est pas quelque chose, n'est pas une simple influence, une énergie impersonnelle, ou une seule force agissante (ce qui porte à l'affaiblir). Il est *quelqu'un*. C'est une Personne !

Or Il est désigné par certains simplement comme un don, une force, alors que de nombreux passages de l'Écriture donnent à l'Esprit tous les attributs de Sa personnalité. Dans le Nouveau Testament, le Saint-Esprit pense, veut, parle, ordonne, rend témoignage, enseigne, prie... autant d'activités inexplicables si l'Esprit n'était pas doué de conscience.

> Il y avait dans l'Église d'Antioche des prophètes et des docteurs. Pendant qu'ils servaient le Seigneur dans leur ministère, et qu'ils jeûnaient, le Saint-Esprit dit : "Mettez-moi à part Barnabas et Saul pour l'œuvre à laquelle je les ai appelés". Barnabas et Saul envoyés par le Saint-Esprit, descendirent à Séleucie, et de là, ils s'embarquèrent pour l'île de Chypre. Arrivés à Salamine, ils annoncèrent la Parole de Dieu dans les synagogues des Juifs. — *Actes 13:4,5*.

D'autres exemples sont donnés et montrent l'action capitale du Saint-Esprit.

La gravité du péché contre le Saint-Esprit et son caractère irréparable n'ont d'égales que la haute importance de l'Esprit de Dieu. Voici ce que Jésus a dit à Ses disciples :

> Je prierai le Père, et Il vous donnera un autre consolateur, afin qu'Il demeure éternellement avec vous, « l'Esprit de vérité » que le monde ne peut recevoir, parce qu'Il ne le voit point et ne le connaît

point. Mais vous (Ses disciples), vous le connaissez, car Il demeure avec vous. — *Jean 14:16,17.*

Le Saint-Esprit se manifesta lors du baptême du Christ. Il est dit :

> Dès qu'Il eut été baptisé, Jésus sortit de l'eau, et voici que les cieux s'ouvrirent et Il vit l'Esprit de Dieu descendre comme une colombe et venir sur lui. Aussitôt une voix se fit entendre des cieux disant : « C'est ici mon Fils bien-aimé en qui j'ai mis toute mon affection. » — *Matthieu 3:16,17.*

La voix du Père se fait entendre des cieux proclamant Son affection pour Son fils pendant que l'Esprit descend sur lui.

> Des vastes foules qui étaient assemblées sur les bords du Jourdain étaient témoins de l'événement. — G. Campbell Morgan.

Le Saint-Esprit donne aux disciples du Christ la capacité et l'ardeur d'enseigner les vérités de Dieu. Il les pousse et les soutient.

À ceux qui ont le courage de répandre les commandements avec hardiesse – ce qui est avec le retour du Christ et le jugement d'une importance capitale – Il donne la joie qui se voit sur leur visage.

Ceux qui auront reconnu que le juste de Dieu dit les vérités bibliques, ceux qui rétorquent pour contrer et contredire ce qui est évident, pèchent contre le Saint-Esprit.

Dans la Bible, le péché contre le Saint-Esprit est un péché irrémissible, irréparable. Il s'agit d'un péché éternel, sans aucun recours. Celui qui le commet est voué à la destruction, à la mort éternelle. C'est le péché le plus grave qui ne pourra jamais être pardonné. Il est encore plus grave que le péché contre Dieu et contre le Christ qui, pourtant, sera jugé et peut mener à la mort.

Jésus a dit : « Tout péché et tout blasphème sera pardonné aux hommes, mais le blasphème contre l'Esprit ne sera point pardonné ». — *Matthieu 12:31.*

En route vers le ciel

Chapitre 4

La Bible, la Parole de Dieu

« Mes paroles sont la vie de ceux qui les trouvent c'est la santé pour tout leur corps », dit le Seigneur. — *Proverbes 4 : 22.*

La Bible est la Parole de Dieu, elle se présente comme telle à travers les écrivains sacrés qui l'ont rédigée. Aucun homme n'aurait pu l'écrire dans toute sa vérité sans être inspiré par l'Esprit de Dieu.

Dans la Bible, Dieu s'adresse directement à l'homme, Sa créature. Celui qui lit la Bible *avec une vraie foi* se rendra vite compte que ce livre n'a pu être écrit par l'initiative humaine, mais voulu de Dieu et inspiré par son Esprit Saint à des hommes choisis pour notre instruction sur ce que nous devons savoir et surtout pour l'œuvre accomplie par le Christ pour nous sauver.

Le Christ a attesté l'authenticité de la Bible et son inspiration divine. Quand Il parlait et enseignait, Il citait souvent des passages de l'Ancien Testament.

Il disait souvent aussi : « Il est écrit ».

> La Bible est à la disposition de l'homme pour l'instruire sur les principales choses qu'il se doit de savoir, sur sa vie, les événements, et sa vie future. — Ellen G. White.

On peut lire toute la Bible, et même plusieurs fois, sans en comprendre la signification essentielle qui ne se révèle pas au lecteur superficiel ou à celui qui ne cherche pas Dieu de tout son cœur.

On l'a vu, c'est l'Esprit qui aide à la compréhension des textes sacrés. Il faut que celui qui étudie vraiment ces textes ait l'extrême désir de mettre en pratique la volonté de Dieu.

La Bible non seulement donne conseils et avertissements, mais elle apporte l'espoir à celui qui cherche Dieu de tout son cœur et qui l'aime plus que tout. Plus celui qui cherche sincèrement la vérité et sonde les Écritures, plus il est sûr qu'elles sont la Parole de Dieu.

Les Saintes Écritures révèlent suffisamment de vérités pour s'incliner devant elles.

Toutes raisons s'inclinent devant la majesté de la révélation divine. Parce qu'ils ne peuvent sonder tous les mystères, les sceptiques et les incrédules rejettent la Parole de Dieu pour leur propre perte. — *Hébreux 3:12.*

La main de Dieu s'y voit comme à l'œil nu, et le vrai croyant en a une totale conviction.

Ellen G. White affirme aussi qu'il y a dans la Bible bien des choses que l'intelligence humaine non éclairée par la sagesse divine ne peut comprendre, et bien des gens préfèrent rester dans leur scepticisme et leur incrédulité sous une apparence de candeur. Ces personnes sont en réalité victimes de leur orgueil et du sentiment de suprématie. C'est ainsi qu'ils s'unissent aux impies et finissent par se fermer les portes du ciel.

Le grand intérêt de lire la Bible (et surtout de comprendre ses messages) est qu'elle apporte l'espoir, la consolation et les conseils à l'homme. Aucun livre ne peut comprendre aussi bien la condition de l'homme, et ce dont il a besoin.

Pour chaque situation, la Bible a des réponses et des remèdes sûrs et précis.

Dieu a pourvu à tout dans Son saint livre. Il dit simplement : « Revenez à moi, et je reviendrai à vous ». — *Joël 2:12.*

Il ne faut jamais oublier que Dieu aime Sa créature d'un amour infini et qu'Il a donné Son Fils unique pour la sauver. Cependant, Dieu laisse le choix aux hommes de vivre ou de mourir éternellement. Ainsi, les hommes sont-ils seuls à emporter leur responsabilité. Jésus a dit clairement : « Quiconque ne connaît pas la Parole de Dieu est l'esclave de l'erreur ». — *1 Jean 4:6* ; voir aussi *Jean 18:37.*

Dans *Matthieu 22:29*, Jésus dit : « Vous êtes dans l'erreur, parce que vous ne comprenez ni les Écritures, ni la puissance de Dieu ». Jésus tout au long de Son ministère citait les Écritures, car elles lui étaient familières.

Dans la Parole de Dieu réside la puissance immuable de celui qui l'a inspirée. La Bible contient des sujets que l'homme n'aurait pu savoir, si Dieu ne les lui avait pas révélés. Le récit de la création, les instructions divines données à Adam – tout cela lui a été transmis scrupuleusement.

Il est triste de voir que des personnes sans foi arrivent à faire penser à d'autres que la Bible n'est qu'un livre où des histoires anciennes sont rapportées, qu'il ne faut pas les prendre à la lettre, ou que ces récits ne concernent pas notre époque. La Bible donne assez de preuves que Dieu y a placées pour ne pas douter de son authenticité.

La critique, même la haute critique, a reconnu les vérités rapportées dans la Parole de Dieu. L'archéologie a pu confirmer par de nombreuses fouilles et découvertes mises à jour que la Bible disait vrai.

Dans les Saintes Écritures, Dieu parle lui-même. Le terme « Je suis » y est employé. « Je suis l'Éternel, je suis celui qui suis ». — *Exode 3:14.* Ainsi que d'autres termes.

Dans les premiers temps, la Parole de Dieu et Ses lois se transmettaient de père en fils, de génération en génération, puis Dieu voulut que tout ce qui devait servir à l'homme, tout ce qu'il devait savoir, fût consigné par écrit.

Mais la Parole de Dieu n'est plus observée, ni étudiée comme elle le devrait ; c'est pourquoi nous en arrivons à tant d'ignorance, à tant d'indifférence et d'incrédulité, pour ce qui concerne les choses d'en haut et des textes sacrés. L'œuvre des apôtres a été plus que nécessaire.

> Allez par toutes les nations prêcher la bonne nouvelle du salut, faites des disciples, baptisez-les au nom du Père, du Fils et du Saint-Esprit, a dit Jésus à Ses disciples. — *Marc 16:15 ; Matthieu 28:19.*

Maintenant beaucoup de gens possèdent les Saintes Écritures ou peuvent se les procurer facilement, mais le diable pousse les gens de peu de foi à un tas de distractions pour qu'ils ne s'intéressent pas aux choses de Dieu et qu'ils s'en détournent.

Il est certain que si toutes les générations avaient suivi les enseignements des anciens à mesure qu'ils étaient transmis, toute la terre connaîtrait à l'heure actuelle les enseignements de la Parole de Dieu et le Christ serait déjà de retour.

Jésus dit aussi :

> Quand la bonne nouvelle sera prêchée au monde entier, pour servir de témoignage à tous les habitants de la terre, alors viendra la fin. — *Matthieu 24:14.*

Il est clair que Jésus annonce la fin du monde.

Les Évangiles

> Dieu a voulu que la vie terrestre de Son Fils fût racontée par quatre auteurs distincts. Son Esprit a certainement présidé à l'élaboration de nos quatre Évangiles. — Charles Gerber, *Les Sentiers de la foi*, p. 186.

Selon Charles Gerber, la Bible surpasse de loin tous les livres écrits et les meilleurs qui soient, parce qu'elle est d'inspiration divine. Rien ne peut être plus haut, plus profond et plus vrai, que ce qui sort de la bouche de Dieu.

« Toute l'Écriture est inspirée de Dieu » écrit l'apôtre Paul dans la deuxième épitre à *Timothée chapitre 3, verset 16*. Tout ce qui a été annoncé par les prophètes s'est réalisé et se réalisera dans les temps indiqués, ainsi que les prophéties qui sont pour notre temps.

Les prophéties concernant la première venue du Christ, Sa naissance, Sa mort, tout s'est accompli à la lettre, et Son retour en gloire est aussi sûr. Ne nous y trompons pas. Le dernier mot appartient au Maître de l'Univers. Notre destinée et celle du monde sont entre Ses mains.

Même si l'on n'a pas une connaissance approfondie des Écritures, les choses essentielles devraient être connues de tous. Tous les peuples de la Terre devraient connaître les Écritures que Dieu a mises à leur disposition. Cependant, un bon nombre de gens qui se disent « chrétiens » et « croyants » en ignorent même une seule phrase.

Ce n'est certes pas la faute du Seigneur si les Saintes Écritures ne sont pas étudiées par beaucoup de gens, comme cela devrait être fait :

> Mon peuple est détruit parce qu'il lui manque la connaissance, puisque tu as rejeté la connaissance, je te rejetterai ; puisque tu as oublié la loi de ton Dieu, j'oublierai aussi tes enfants. — *Osée 4 : 16.*

Ce sont les paroles du Seigneur Dieu.

Surtout aujourd'hui où l'homme parle toujours d'avenir, et pour longtemps, mais il ignore totalement les prédictions et les signes qui sont pour notre temps. Les gens savent dévorer toute sorte de lectures, mais ne s'intéressent pas au livre que Dieu a fait écrire justement pour eux !

La lecture et l'étude sérieuse du saint livre de Dieu sont des œuvres qui nous suivront et que les anges enregistrent pour notre salut.

La Bible ne doit pas être soumise à des normes humaines ou par des critères humains.

> Dire que chacun peut l'interpréter à sa façon est une grave erreur. Or c'est par les normes bibliques et par les lois de Dieu que nous serons jugés. Les Saintes Écritures rédigées sous l'inspiration du Saint-Esprit ont été conservées pures et inaltérées par une main divine jusqu'à nos jours. — Ellen G. White.

Ainsi, l'être humain a-t-il toujours eu son Dieu comme instructeur et pour guide. Tout comme l'enfant qui naît, est aimé, choyé, élevé et guidé par ses parents.

Jamais notre Père Éternel ne nous aurait laissé dans l'errance et dans l'ignorance ; ce serait offenser gravement notre Dieu que de penser ainsi.

La Bible console, enseigne, mais avertit :

> Avec crainte et tremblements mettez en œuvre votre salut, et si le juste de Dieu a du mal à se sauver, qu'en sera-t-il du pécheur et de l'impie ? — *1 Pierre 4:18*

Et la Bible dit encore : « L'homme ne vivra pas de pain seulement, mais de toute parole sortant de la bouche de Dieu ». Ce sont des paroles à retenir et à méditer.

En route vers le ciel

Chapitre 5

Le péché

Le péché est la transgression des lois et des commandements de Dieu. Or, à notre époque, le péché n'est plus vraiment considéré comme étant un péché, il a tellement été minimisé qu'il paraît presque normal d'enfreindre les lois divines. L'homme s'est octroyé des libertés sans se poser trop de questions, supprimant ainsi des repères essentiels.

Satan pousse les gens qui ne s'intéressent pas aux lois du Seigneur, ni à Sa volonté, à faire le mal. L'ennemi de Dieu est toujours là pour les faire succomber aux tentations, comme il l'a fait pour Ève dans le jardin d'Éden. Au jour du jugement beaucoup seront surpris de voir comment le péché était souvent bien dissimulé et sous des apparences de naïveté. On verra comment les mauvaises pensées et les mauvaises intentions envers son prochain, les mensonges, la roublardise et tout ce qui peut nuire à autrui seront jugés comme des actes commis.

La chose que l'on semble oublier c'est justement le jour du jugement pourtant annoncé impérativement dans les Écritures. Dans *Ecclésiaste chapitre 12 versets 13 et 14*, il est dit : « Crains Dieu et observe Ses commandements, car c'est là ce que doit tout l'homme. Dieu fera venir toute œuvre en jugement sur tout ce qu'elle recèle de bon ou de mauvais ». Cela nous concerne tous !

Beaucoup d'actes que l'on juge sans conséquences ou anodins peuvent être considérés par Dieu comme des formes de crimes.

Jésus a dit : « Mais moi, je vous dis : Si quelqu'un se met en colère contre son frère ou sa sœur, on l'amènera devant le juge. Si quelqu'un dit à son frère ou à sa sœur : "Imbécile !", on l'amènera devant le tribunal. Si quelqu'un insulte son frère ou sa sœur, cette personne mérite la terrible punition de Dieu ». — *Matthieu 5 : 22. La Bible Parole de Vie.*

Cet acte qui peut nous paraître bénin constitue la violation du sixième commandement : « Tu ne tueras point » et mérite d'être puni par les juges.

Jésus dit aussi que « quiconque regarde une femme pour la convoiter a déjà commis un adultère avec elle dans son cœur » — *Matthieu 5:28*. Mais nous nous sommes tellement éloignés de la morale et de la réalité que tout cela nous paraît très exagéré dans ce monde où tout paraît normal, où tout est permis. Nous ne faisons plus la différence entre le *bien* et le *mal*.

Le Christ ne transige pas sur ce que Dieu interdit. Il fait ressortir le péché où il se trouve.

Ces exemples donnés par Jésus parmi d'autres montrent combien le péché est sournois et qu'il est aussi vite oublié ou excusé par celui qui le commet. D'ailleurs ceux qui le commettent ignorent même qu'ils pèchent tant la notion du péché n'entre plus dans leur considération. Pourtant n'est-il pas écrit dans *Job 14:4*, « Comment d'un être souillé sortira-t-il un homme pur ? Il ne peut en sortir aucun ».

Il est vrai que beaucoup de ceux qui croient en Dieu préfèrent voir en lui un Dieu qui ne fait pas cas de leurs travers et que, de toute façon, pensent-ils, eux-mêmes bénéficieront de Sa bonté et de Sa clémence, même sans confession.

Ces gens-là se fabriquent un Dieu de leur imagination à leur convenance et croient que ce Dieu agira comme ils se l'imaginent.

Et c'est là qu'il faut prendre garde. Dieu hait le péché quel qu'il soit. Ce n'est pas pour rien qu'Il a prononcé les sentences que l'on peut lire dans le livre de la genèse sur Adam et Ève. Pourtant, avoir mangé du fruit de l'arbre défendu peut paraître une petite faute aux yeux de beaucoup, une faute qui ne mériterait pas de telle sanction : la malédiction de la terre, la souffrance sous toutes ses formes, et puis la mort. Si cela nous est rapporté c'est parce qu'il nous faut en tirer les leçons.

Il faut savoir que l'on ne désobéi pas à Dieu sans en subir de terribles conséquences. Sans le sacrifice du Christ le Rédempteur, la tache indélébile qu'est le péché n'aurait pu être lavée. Seul le sang pur du Sauveur peut complètement l'effacer. Encore faut-il que le pécheur se repente de tout son cœur et implore le pardon de Dieu par le sang de Jésus.

Sans le Christ nous serions tous voués à la mort éternelle. Il est écrit que « sans effusion de sang il n'y a point de pardon. » — *Hébreux 9:22.*

C'est à cause du péché que notre vie sur terre est comme elle est, pleine d'embûches, de drames et de misères. Il est facile d'invoquer la fatalité et de dire que Dieu n'est pas juste. D'ailleurs, les gens aujourd'hui ne se posent pas la question de savoir s'ils pèchent ou non ; le mot péché n'est pas dans leur vocabulaire, car ils veulent faire ce qu'ils ont envie de faire, sans se poser plus de questions.

> L'œuvre de Satan consiste à excuser le péché et à rendre le sentier du mal attrayant. Dieu voit le péché sous son vrai jour et affirme qu'il a pour conséquence infaillible la souffrance et la mort. — Ellen G. White.

Le péché a fini par atrophier la race humaine. Il faudrait comparer la haute stature, la force, la santé physique et mentale ainsi que la beauté pure de nos premiers parents Adam et Ève avant la chute, avec la nôtre, pour se rendre compte de la différence qu'il peut y avoir.

Il n'y a que les péchés confessés qui sont pardonnés. Il faut que les péchés soient confessés séparément. Il est illusoire de croire que l'on peut confesser ses péchés en bloc. Car il faut que l'on soit conscient de chacun de nos péchés commis.

Les péchés, comme les mauvaises pensées, les pensées impures, l'esprit critique et malveillant envers nos semblables, en un mot, toutes tendances mauvaises, dégradent, altèrent le corps et l'affaiblissent. Cela peut se manifester par des douleurs et des affections de toutes sortes qui peuvent même tuer le corps. Ce qui est impur ne peut vivre longtemps.

Depuis la souillure par le péché, le corps de l'homme a dû subir bien des désordres qui, au fil du temps, ont apporté une dégénérescence. Cette dégénérescence a fait de nous ce que nous sommes aujourd'hui : des êtres qui n'ont plus rien de commun avec le physique sans défaut, vigoureux, plein de santé et de beauté ainsi que la haute stature que possédait l'homme en sortant des mains de son Créateur. Grâce à ces forces et à ces qualités, nous existons encore aujourd'hui.

Comme nous péchons tous, nous supportons cette dégénérescence. Par voie de conséquence, il ne faut donc pas s'étonner que, par hérédité, même les nouveau-nés et les petits enfants peuvent, eux aussi, être touchés par toutes sortes de maux.

Beaucoup de gens en incrimine Dieu disant que s'il le voulait, il ne permettrait pas le mal.

Il n'est pas dans la pensée de Dieu, ni dans Sa volonté de laisser souffrir qui que ce soit, mais c'est par notre désobéissance délibérée que beaucoup de maux nous atteignent. Tous les maux viennent directement du péché.

Dieu ne tolèrera jamais le péché et exercera toujours Sa justice.

Même le nouveau-né par hérédité naît avec des tendances au mal qui risquent de se manifester à mesure qu'il grandit et au cours de son existence.

> En outre la quasi disparition de la notion du péché mène à tous les excès. — *Charles Gerber*.

Dieu dit : « Je manifeste ma bonté envers les hommes jusqu'à mille générations, en supportant les péchés, les désobéissances et les fautes ; mais je ne tiens pas le coupable pour innocent, j'interviens contre celui qui a péché, contre ses enfants et ses descendants jusqu'à la troisième ou quatrième génération ». — *Exode 34:7*.

L'iniquité est ainsi transmise des parents sur leurs enfants. Les péchés, les mœurs relâchés, les appétits charnels et pervertis, les maladies et la dégénérescence physique se transmettent dès que la vie de l'enfant apparaît, même en gestation, puisque le fœtus présente parfois des anomalies ou des maladies avant la naissance.

Mis à part ce qui vient d'être dit, il y a toujours eu des hommes prêts à satisfaire aux exigences de la loi et à marcher avec Dieu. Grâce à de tels hommes, nous existons encore aujourd'hui. Comme ces Patriarches et ces Prophètes, cités dans la Bible.

En route vers le ciel

Chapitre 6

La foi la vraie, celle qui sauve

Jésus a dit : « Il y a beaucoup d'appelés, mais peu d'élus ». — *Matthieu 22:14*.

Avec ces paroles du Seigneur, il est clair que pas tout le monde n'entrera au Paradis. Car beaucoup sont appelés, mais ne répondent pas à la voix qui les appelle. Car beaucoup se fient à leur propre jugement et pensent qu'ils seront sauvés malgré tout.

Jésus a dit aussi : « En ce temps-là celui qui invoquera le nom du Seigneur doit le faire avec une vraie foi, celle qui sauve justement », comme l'a fait par exemple le larron sur la croix aux côtés de Jésus. Au dernier moment de sa vie, le larron s'adressa au Christ en lui demandant : « Seigneur, souviens-toi de moi quand tu viendras dans ton règne » — *Luc 23:42*.

Jésus lui répondit : « Je te le dis en vérité aujourd'hui, tu seras avec moi dans le Paradis ». — *Luc 23:43*. Le larron a invoqué le Seigneur par un acte de vraie foi et a été sauvé.

Mais qu'est-ce que la foi, la vraie foi ?

La vraie foi, c'est croire en Dieu, à Ses lois, c'est lui obéir, observer scrupuleusement Ses commandements, c'est croire au sacrifice du Christ et suivre Ses enseignements :

> Jésus a dit : « Celui qui écoute mes paroles, et ne les met pas en pratique ne peut être mon disciple ». — *Jean 5:24 ; 8:47 ; 12:48*.

Il faut garder Ses vérités et travailler à notre salut.

Mais croire juste que Dieu existe ou qu'Il a créé le ciel et la terre, beaucoup de gens le croient. Croire juste que le Christ est mort pour nos péchés et ne pas s'intéresser à Son œuvre et à Son enseignement, ce n'est pas la vraie foi. Penser à Dieu de temps en temps, l'invoquer quand la vie va mal ou considérer que ce que contient la nature n'a pu se faire seul, ce n'est pas la vraie foi. Dire que l'on est chrétien ou croyant et ne pas se soucier des choses spirituelles, ce n'est pas la vraie foi (en tout cas, ce n'est pas celle que le Seigneur demande). Cela rejoint la simple croyance et ne saurait lui suffire. Le diable et les démons croient aussi que Dieu existe et qu'Il a créé toutes choses. Les ennemis de Dieu tremblent, car ils savent que leur sort final sera dans l'étang de feu. — voir *Apocalypse 20:10-14*.

Dans son épître, l'apôtre Jacques dit : « Tu crois qu'il y a un seul Dieu, tu fais bien ; les démons le croient aussi et ils tremblent » — *Jacques 2:19, 20*. Cet exemple nous montre que si l'homme désobéit à Dieu et vit loin de lui, il en subit les conséquences.

Ellen G. White affirme :

> Beaucoup de personnes qui se trompent sur les relations qui existent entre la foi et les œuvres, diront : vous n'avez qu'à croire en Jésus Christ et vous êtes en règle, vous n'avez pas à vous soucier d'observer la loi ; mais la foi authentique se manifeste par l'obéissance, et les œuvres. — Ellen G. White, *Patriarches et Prophètes*, chap. 28, p. 132.

« La foi », dit l'apôtre Jacques, « si elle ne produit des œuvres, elle est morte ». — *Jacques 2:17*. La foi doit être des actes d'amour pour le Seigneur et envers le Seigneur. Dieu saura distinguer la vraie foi de la fausse, qui est sans chaleur et sans véritable amour pour le Créateur. Soyons-en sûrs.

La vraie foi, c'est connaître Dieu et l'aimer par-dessus tout. La vraie foi, c'est lui obéir et mettre les paroles du Christ en pratique, c'est croire en Son sacrifice et l'accepter. Or si on n'est pas accepté par le Christ, on ne peut être accepté de Dieu. Car c'est par lui seul que l'on arrive à Dieu.

Jésus a aussi dit : « Nul ne vient au Père que par moi ». — *Jean 14:6*. Il est dit que le juste vivra par la foi. Or ce juste aime son Dieu, lui obéit et lui réserve la première place dans sa vie, dans ses pensées et dans son cœur. Il s'agit du seul amour accepté par Dieu.

La foi la vraie passe par le plus grand des commandements : « Tu aimeras le Seigneur ton Dieu de tout ton cœur, de toute ta pensée, de toutes tes forces et de toute ton âme, et ton prochain comme toi-même ». — *Deutéronome 6:5* ; *Luc 10:27*. C'est clairement dit, il ne suffit pas de croire en Dieu ou de dire que l'on est chrétien ou croyant (c'est ce que l'on entend souvent), et être tranquille… cela ne suffit pas aux yeux du Seigneur, car la foi qui sauve passe par les conditions demandées.

Quand Jésus dit dans *Matthieu 22:14* qu' « il y a beaucoup d'appelés, mais peu d'élus », c'est que malheureusement il y en a peu qui adhèrent à la vraie foi, celle qui sauve ; il y a peu de gens qui confessent sincèrement leurs péchés et s'en détournent. Pourtant, le salut et la vie éternelle qui sont offerts à tous s'obtiennent par la foi véritable. Dieu n'impose pas l'offre du salut, mais ceux qui l'auront refusée seront jugés.

Le sang du Christ efface les péchés de ceux qui les confessent et les délaissent. « Celui qui confesse ses péchés et les délaisse obtient miséricorde » est-il écrit dans *Proverbes 28:13* et dans *1 Jean 1:9*. Tout acte de foi passe par la confession, la repentance et le délaissement de ses péchés.

La foi signifie aussi croire en ce que l'on ne voit pas, et qui pourtant existe, c'est-à-dire le monde céleste, invisible pour l'homme.

L'exemple d'Abraham a montré ce qu'est la vraie foi. Quand Dieu lui demanda de tout quitter, d'abandonner tout ce à quoi il tenait profondément, pour partir vers un pays qu'il ne connaissait pas, il a obéi à Dieu, sans hésitation. Il crut à l'Éternel qui lui promit un fils – un héritier – qui n'avait pu être conçu. Dieu lui fit la promesse d'une postérité aussi nombreuse que les étoiles au firmament ou aussi nombreuse que le sable infini qui est sur le bord de mer. Abraham crut à la venue d'un Sauveur, comme l'ont fait aussi Adam, Abel, Enoch, Noé, Moïse et d'autres hommes qui ont marché avec Dieu et qui ont cru à Ses promesses. Abraham, comme eux, a cru et comme eux, a salué de loin ce grand événement.

> Dieu fit voir à Abraham se dérouler le plan de la rédemption, la mort du Sauveur, Son sacrifice et Son retour en gloire. — Ellen G. White, *Patriarches et Prophètes*, chap. 12, p. 116.

La foi d'Abraham dut encore être mise à l'épreuve, par la plus dure et la plus douloureuse des épreuves. Quand Dieu lui demanda de lui offrir son fils unique, à ce moment même, une voix se fit entendre qui lui dit : « Prends ton fils, ton unique, celui que tu aimes Isaac, va-t-en au pays de Morija, et là offre-le en holocauste » — *Genèse 22:2*. Abraham obéit, mais au moment où Abraham allait sacrifier son fils et l'égorger, l'ange de l'Éternel l'appela des cieux et dit : « Abraham, Abraham, n'avance pas ta main sur l'enfant et ne lui fait aucun mal » — *Genèse 22:10-12*. « Dieu n'est pas le Dieu des morts, mais des vivants ». — *Matthieu 22:32*.

Or, la foi d'Abraham s'est manifestée par Ses œuvres.

> Insensé que tu es ! Veux-tu avoir la preuve que la foi sans les actes est inutile ? Comment Abraham, notre ancêtre, a-t-il été reconnu comme juste par Dieu ? A cause de ses actes, parce qu'il a offert son fils Isaac sur l'autel. Tu le vois, sa foi et ses actes agissaient

> ensemble : sa foi est parvenue à la perfection en raison des actes qui l'accompagnaient. Ainsi s'est réalisé ce que dit l'Écriture : « Abraham eut confiance en Dieu, et Dieu le considéra comme juste en tenant compte de sa foi ». Et Dieu l'appela son ami. Vous le voyez donc, un être humain est reconnu comme juste par Dieu à cause de ses actes et non pas uniquement à cause de sa foi. — *Jacques 2:20-24.*

Il faut savoir que la foi du vrai croyant sera mise à l'épreuve. Il faut prouver sa foi. Tout au long de l'histoire, il y eut des hommes pieux qui ont prouvé leur foi à leur Dieu. Les vues de Dieu n'ont pas changé, et si dans les Saintes Écritures des exemples nous sont donnés, c'est pour nous montrer ce qu'est la vraie foi, la seule qui sera retenue.

La foi d'Abraham en est un modèle parfait. Il a fait passer son amour pour Dieu avant celui de son fils qui pourtant était profond.

Au jour du jugement, il ne suffira pas d'avoir cru que Dieu existe, mais de lui avoir obéi, de l'avoir connu et aimé de tout son cœur et de toute son âme.

Ceux qui ont possédé les Saintes Écritures qui ont pu s'instruire et ne l'ont pas fait, ceux qui ont fait de la foi et du sacrifice du Christ quelque chose que l'on prend à la légère, risquent de se voir rejetés : « ce ne sont pas ceux qui me diront Seigneur, Seigneur, qui entreront au Paradis, mais ceux qui auront fait la volonté de mon Père ». — *Matthieu 7:21.*

Les actes de vraie foi qui nous sont donnés tout au long de la Parole de Dieu, nous montrent bien que l'on ne s'approprie pas la faveur de Dieu selon nos propres critères et notre propre justice de droits bien peu élevés.

Mais dans ce monde que l'on dit « moderne », on se heurte le plus souvent à une indifférence et à une incrédulité quasi-totale pour les choses spirituelles, à savoir connaître Dieu, être attentif à ce qui est demandé, ses devoirs envers le Créateur et les droits qui lui sont dus.

Il est écrit que la foi sans l'obéissance est nulle. L'attention doit être attirée sur ces paroles du Christ. En ce qui concerne le vrai croyant, il dit : « Celui qui vaincra, sera ainsi revêtu de vêtements blancs, *je n'effacerai pas son nom du livre de vie*, et je confesserai son nom devant mon Père, et devant les anges » — *Apocalypse 3:5*.

Or, pour vaincre, il faut avoir lutté contrairement à ce que beaucoup pensent : que tout nous est acquis et que l'on n'a rien à faire. Il faut savoir que le nom de chaque être humain est inscrit dans les livres du ciel où sont notées toutes leurs actions, bonnes ou mauvaises. Ces livres sont tenus par les anges.

Ceux qui ont lavé leur robe dans le sang du Christ (confessions des péchés et leur délaissement repentir, une complète obéissance) seront ainsi revêtus de vêtements blancs. Leurs péchés sont effacés, et ils sont jugés dignes d'hériter la vie éternelle. Notre passage sur terre doit nous servir à nous instruire de toutes ces choses pour arriver au salut promis à ceux qui vaincront.

Avoir la foi c'est croire à tout ce que dit le Seigneur.

Jésus dit que ceux qui ne comprennent pas les Écritures sont victimes de l'erreur, et resteront dans la confusion la plus totale, à moins qu'ils ne changent avant de dépasser la patiente de Dieu : « Changez et vivez », dit le Seigneur, « Pourquoi mouriez-vous ? ». Dieu ne se révèle qu'à ceux qui écoutent Sa Parole telle qu'elle nous est présentée.

La foi qui sauve

Quand on dit avoir la foi on doit la comparer à ce qui est demandé et enseigné dans les Saintes Écritures, pour le prétendre et suivre scrupuleusement ce qui y est prescrit. Ce n'est qu'ainsi que l'on pourra prendre le chemin du salut avec une vraie foi, celle qui entraîne la confession, la repentance, le délaissement de ses péchés, l'obéissance et la sanctification « sans laquelle nul ne verra le Seigneur », écrit l'apôtre Paul. — *Hébreux 12:14*.

La « sanctification » signifie que le croyant doit s'élever chaque jour un peu plus vers la connaissance, la sainteté et « la perfection qui ne sera parfaite que dans le ciel », nous dit Ellen G. White. Pour cela, il faut demander à Dieu de nous sanctifier et de nous aider à mieux faire.

> Croire ce que l'on ne voit pas, parce que l'on croit à celui qui voit tout, c'est la vraie foi. — Ellen G. White, *Patriarches et Prophètes*, chap. 5, p. 51.

Jésus a dit : « Heureux ceux qui n'ont pas vu et qui ont cru » — *Jean 20:29*. Ceux qui n'ayant pas vu le Christ homme, Ses puissants miracles, Ses œuvres et Ses enseignements (qui doivent être comparés à une lampe qui brille dans un lieu obscur, selon l'apôtre Pierre), ont pourtant cru.

Parce que le prix du salut est la vraie foi. La vraie foi est un bouclier contre les attaques du diable, qui s'acharne sur les élus de Dieu pour tenter de les déstabiliser. Avec ce puissant bouclier qu'est la vraie foi, le croyant pourra leur faire échec non sans lutte.

> Ce dont le vrai croyant est protégé c'est de la colère de Dieu et de celle de l'Agneau (le Christ) mais non de la morsure du serpent (le diable). — Richard Lehman.

La vraie foi telle qu'elle est définie dans les Saintes Écritures, est un don de Dieu au vrai croyant. Il est entendu que lorsqu'on se borne à dire qu'on croit en quelque chose ou en quelqu'un de supérieur – cela n'est sûrement pas la foi.

Pour croire il faut savoir en qui on croit. Dire qu'on croit en Dieu et contredire ou déformer ce qu'Il dit dans les Saintes Écritures, conduit à la confusion et à l'erreur. Prôner ce que Dieu n'a pas enseigné — et qu'Il interdit — relève de la rébellion. Prendre la liberté de contester ce qui est écrit par le Tout-Puissant pour émettre son propre jugement ou ses propres idées parce que cela nous arrange, cela relève aussi d'une rébellion contre notre Créateur. Soutenir des sciences qui s'opposent à Dieu et à Ses œuvres, et être convaincus que l'on a la foi, pourquoi pas ?, quand on nage dans l'illusion et l'erreur.

Or toutes visions vagues et erronées seront rejetées par le Juge Suprême, ainsi que toute foi fantaisiste qui, devant le Seigneur, est considérée une abomination. Dans l'Ancien Testament, il est écrit : « Celui qui détourne l'oreille pour ne pas écouter la loi, sa prière même est une abomination ». — *Proverbes 28:9*. L'élu de Dieu peut vivre en paix, car « l'ange du Seigneur campe autour de [celui] qui le [craint], Et Il [l'] arrache au danger ». — *Psaumes 34:8*.

Chapitre 7

La Loi de Dieu, les Commandements

La Loi et les préceptes de Dieu ont été donnés à l'humanité toute entière comme règle de vie.

Les commandements sont écrits dans le ciel. La Loi se trouve dans le temple de Dieu, dans le Lieu Très Saint du Sanctuaire. C'est par elle que nous serons jugés.

Les commandements ne sont pas abolis, comme beaucoup le prétendent. Les paroles de Jésus là-dessus sont claires. Il affirme : « Ne croyez pas que je sois venu pour abolir la loi, mais pour accomplir la loi » — *Matthieu 5:17*. Ce sont les lois cérémonielles symbolisant le sacrifice du Christ qui ont été abolies, puisque le symbole s'est fait réalité par la mort du Sauveur. Les cérémonies préfigurant ce sacrifice n'avaient donc plus lieu d'être célébrées. Mais Satan a fait croire à des multitudes qu'en abolissant les lois sur les sacrifices d'animaux et les cérémonies du tabernacle, Jésus a également aboli les dix commandements. Que celui qui croit cela fasse attention à ces paroles du Christ qui doivent suffire à trancher sur cette question : « Je ne suis pas venu abolir, mais accomplir la loi ». Jésus dit encore tout aussi clairement : « Car je vous le dis en vérité, tant que le ciel et la terre ne passeront point, il ne disparaîtra pas un seul iota ou un seul trait de lettre de la loi jusqu'à ce que tout soit arrivé ». — *Matthieu 5:18*.

Donc, la Loi de Dieu qui fut donnée aux hommes est toujours en vigueur et le restera pour toujours. Dans les Évangiles et dans Ses enseignements, Jésus met toujours en évidence les commandements comme loi à suivre, si l'on veut arriver au salut. Si le salut est offert gratuitement, n'en hériteront que ceux qui auront fait d'ultimes efforts pour les observer. La Loi de Dieu était connue dès la création par nos premiers parents. Elle était écrite dans leur esprit.

> Les dix commandements proclamés sur le Sinaï n'étaient pas destinés exclusivement aux Hébreux. Si Dieu leur faisait l'honneur de les constituer gardiens et dépositaires c'était pour qu'ils en fissent part à tous peuples. Les préceptes du décalogue sont donc destinés, pour éclairer et gouverner le monde entier, ces dix commandements, courts compréhensifs, impératifs, renferment les devoirs de l'homme envers Dieu et envers le prochain. — Ellen G. White, dans *Patriarches et Prophètes*, p. 277.

En allant contre les Lois de Dieu, en rejetant la Loi du Très-Haut, les hommes ne savent pas ce qu'ils font. Dieu dit : « Que j'écrive pour lui toutes les ordonnances de ma loi, elles sont regardées comme quelque chose d'étranger ». — *Osée 8:12*. Il dit aussi : « Mon peuple est détruit parce qu'il lui manque la connaissance, puisque tu as rejeté la connaissance je te rejetterai, puisque tu as oublié la loi de ton Dieu, j'oublierai aussi tes enfants ». — *Osée 4:6*.

> C'est dans le Lieu Très Saint du Sanctuaire céleste que se trouve précieusement conservée la loi que Dieu proclama lui-même au milieu des tonnerres du Sinaï, et qu'Il écrivit de Son doigt sur les tables de pierre ». — Ellen G. White, dans *La Tragédie des Siècles*, p. 470.

Cette Loi est immuable et impérissable, pas un seul iota ou un seul trait de lettre ne peut en être retranché. — *Apocalypse 22:19*.

> Quand Dieu créa Adam et Eve, Il grava les principes moraux de Sa loi dans leur esprit. Abraham et Moïse connaissaient la loi de Dieu avant Sa promulgation

au Sinaï. — Ellen G. White, dans *Patriarches et Prophètes*, p. 268.

Dieu ne tolèrera pas que les êtres qu'Il a créés se moquent de Ses lois.

> Les commandements sont la Loi fondamentale et éternelle de l'univers, auxquels doivent obéir tous les hommes de tous les temps. Tous les commandements sont d'égale importance, cette Loi Dieu la donna à Adam et Eve, qui furent chargés de la transmettre à leurs descendants. Les patriarches en effet possédaient un texte détaillé de la loi morale. — Charles Gerber.

De nos jours la Loi de Dieu n'est plus respectée, elle est même ignorée par nombre de gens et souvent foulée aux pieds. Elle est considérée par beaucoup comme désuète, inadaptée aux modèles de nos visions des choses d'aujourd'hui, et ceux qui la respectent sont regardés comme des faibles, comme des naïfs, ou « non modernes ».

Pourtant la Loi de Dieu s'adresse à l'humanité toute entière et à toutes les époques : elle est immuable et indestructible. Rien ne peut y être ajouté ou enlevé.

> Celui qui pèche contre un seul commandement, devient coupable de tous. — *Jacques 2:10*.

> Toutes conceptions humaines doivent s'effacer devant les enseignements de la Parole de Dieu. — *Thomas Brès*.

La Bible déclare :

> Heureux tous ceux qui marchent selon la loi de l'Éternel. — *Psaumes 119:1*.

Heureux qui trouvent leur plaisir dans Ses préceptes
et qui les méditent jour et nuit. —*Psaumes 1:2.*

De nombreuses bénédictions attachées à l'obéissance leur sont accordées : notamment, la sagesse (*Psaumes 119:98*) ; la paix (*Psaumes 119:165*) ; le bonheur (*Ésaïe 48:8*) ; la justice (*Deutéronome 6:25*) ; la pureté morale (*Proverbes 7:1-5*) ; la connaissance de la vérité (*Jean 7:17*) ; la protection contre la maladie (*Exode 15:26 ; Proverbes 4:22*) ; la longévité (*Proverbes 3:1,2 ; 4:22*) ; l'exaucement des prières (*1 Jean 3:22 ; Psaumes 66:18*)[1].

Combien de gens qui se disent croyants rejettent, par leur vie, la volonté de Dieu ! Ils croient en Dieu, mais n'écoutent ni Ses lois, ni ce qu'Il demande vraiment. Ils s'enlèvent ainsi une relation étroite avec lui et ne se soucient pas s'ils ont l'approbation divine. En n'écoutant pas profondément la volonté de Dieu, ils fragilisent le lien spirituel et vital qui les relie à lui. Mais ceux qui lui obéissent sont Ses bienheureux. Ils Le connaissent et L'aiment de tout leur cœur, et de toute leur âme. C'est comme cela que Dieu voit le vrai croyant. Seul le Dieu du ciel décide qui sont les vrais croyants.

C'est pourquoi la Bible affirme qu'à la fin des temps Dieu enverra Ses anges qui sépareront les vrais des faux. Les vrais croyants « choisis » seront marqués du sceau de Dieu. Il s'agit d'un signe que nous ne voyons pas, mais que les anges reconnaîtront parfaitement et clairement.

Dieu se sert de la conscience et du sens spirituel pour communiquer avec l'homme. La conscience lui fait voir où est le bien et le mal. Cependant, cette voix de la conscience est aussi étouffée par ceux qui ne veulent faire que leur seule volonté, sans se soucier s'ils plaisent ou pas au Seigneur.

---

[1] *Ce que croient les adventistes*, p. 250.

En revanche, il y a, comme le dit la Parole de Dieu, des païens qui écoutent cette voix de la conscience, et qui font le bien toute leur vie. De manière naturelle, ils obéissent à la Loi de Dieu sans le savoir : « Quand les païens qui n'ont point la loi, font *naturellement* ce que prescrit la loi, ils sont, eux qui n'ont point la loi, une loi pour eux-mêmes ; ils montrent que l'œuvre de la loi est écrite dans leurs cœurs, leur conscience en rendant témoignage, et leurs pensées s'accusant ou se défendant tour à tour ». — *Romains 2:14-15*.

Dans *Matthieu 5:17-19*, nous l'avons lu plus haut, il est écrit : « Ne croyez pas que je sois venu pour abolir, mais pour accomplir, car je vous le dis en vérité, tant que le ciel et la terre ne passeront point, il ne disparaîtra pas de la loi un seul iota ou un seul trait de lettre jusqu'à ce que tout soit arrivé. Celui donc qui supprimera l'un de ces plus petits commandements et qui enseignera aux hommes à faire de même sera appelé le plus petit dans le royaume des cieux, mais celui qui les observera, et qui enseignera de les observer, celui-là sera appelé grand dans le royaume des cieux. »

Le texte de *Romains 3:31* affirme : « Anéantissons-nous donc la loi par la foi ? Loin de là, au contraire, nous confirmons la loi ».

Dieu dit dans *Proverbes 7:1-3* : « Mon fils, retiens mes paroles, et garde avec toi mes préceptes. Observe mes préceptes, et tu vivras ; garde mes enseignements comme la prunelle de tes yeux. Lie-les sur tes doigts. Écris-les sur la table de ton cœur ».

En route vers le ciel

Chapitre 8

Le salut et la vie éternelle

En lisant avec attention le livre de Dieu, en demandant l'aide divine, on peut voir que, pour les Saintes Écritures, on n'entre pas systématiquement dans le royaume de Dieu. Loin de là. Même si le Seigneur Dieu offre la vie éternelle, Il pose des conditions qui s'avèrent extrêmement importantes et capitales si l'on veut l'acquérir.

Mais cette vie éternelle a tellement été banalisée, ignorée, que l'on n'y prête plus cas ou même on n'y croit pas. La seule chose qui compte pour les habitants de ce monde est la vie terrestre, qui, elle, ne représente que de quelques dizaines d'années vécues par chacun. C'est en bien réfléchissant qu'on peut faire son choix, car, en ne répondant pas aux conditions demandées par Dieu, on perd cette « vie future ».

Mais qui se soucie de toutes ces choses ou des avertissements qui nous sont donnés ? Il faut se rendre compte que l'Être le plus important pour l'homme – le seul être qui peut tout – c'est Dieu ainsi que le Christ. Sur cette terre, Jésus a prouvé Sa divinité par des puissants miracles. Par Sa doctrine dont le but est de sauver le pécheur d'une mort éternelle, Jésus dit à l'homme ce qu'il faut faire pour mériter la vie éternelle. Jésus met en garde le pécheur sur les risques qu'il encourt s'il ne prend pas le bon chemin. Il lui donne assez de conseils sur cet important sujet pour que l'homme ne se trompe pas : « Je suis le chemin, la vérité et la vie » et « Je suis la résurrection et la vie ». Ces paroles du Christ renferment, à elles seules, le but du Sauveur à conduire l'homme de bonne volonté à la vie éternelle.

En effet, Dieu saura reconnaître les authentiques croyants parmi tous ceux qui se réclament être « chrétiens ». On peut être gentil, avoir de bons sentiments envers ses semblables, s'occuper des personnes dans des besoins divers et leur montrer un aspect sympathique et cordial, tout en ne respectant pas la volonté de Dieu.

Si les gens connaissaient vraiment notre Créateur, ils sauraient que c'est un Dieu bon mais juste. Ils sauraient que Dieu nous jugera et ne laissera pas bafouer Ses lois et Sa volonté.

La croyance populaire veut que tous les défunts aillent directement dans la félicité des cieux. Or, ce n'est pas ce qu'enseignent les Écritures. Le livre d'Ecclésiaste est bien clair là-dessus dans l'Ancien Testament. *Ecclésiaste 9:5-6* dit : « Les vivants, en effet, savent qu'ils mourront ; mais les morts ne savent rien, et il n'y a pour eux plus de salaire, puisque leur mémoire est oubliée. Et leur amour, et leur haine, et leur envie, ont déjà péri ; et ils n'auront plus jamais aucune part à tout ce qui se fait sous le soleil. ». *Ecclésiaste 9:10* dit également : « Tout ce que ta main trouve à faire avec ta force, fais-le ; car il n'y a ni œuvre, ni pensée, ni science, ni sagesse, dans le séjour des morts où tu vas ».

Si tout le monde va au ciel, cela laisserait supposer que les bons et les méchants seront tous ensembles et donc que les faux croyants (les rebelles à Dieu) peuvent croire qu'ils sont sauvés aussi. En ce sens, nul besoin de confession ou de repentance, ni besoin de croire, alors que ce sont des conditions pour entrer dans la vie éternelle ! À quoi servirait aussi le jugement qui confondra les rebelles et les impies ?

Les places au ciel sont réservées aux élus de Dieu. La Parole de Dieu enseigne qu'à Son retour en gloire, le Christ viendra chercher les siens. Voilà ce que dit l'apôtre Paul : ce sont « des choses agréables à entendre » *(2 Timothée 4:3-4)* de penser que tout le monde va directement au ciel sans conditions. Écoutons le Seigneur qui nous dit : « Tournez-vous vers moi et vous serez sauvés. » — *Ésaïe 45:22*. Or se tourner vers Dieu signifie avant tout le craindre et lui obéir.

Instruisez-vous avant d'atteindre les limites de la patience de Dieu le Père « car celui qui ne se soumet pas aux lois du Très-Haut est incurable. Il est entraîné dans la révolte, et au terme de sa vie, il est trop tard pour changer le courant de ses pensées, pour passer du péché à l'obéissance, et de la haine à l'amour. » — Ellen G. White.

Or ne pas obéir à Dieu ni à Ses lois c'est bien le haïr. Dieu laisse les hommes suivre leur propre voie, mais il se réserve le droit, le moment venu, de leur demander ce qu'ils auront fait de leur liberté.

Pour l'homme, le plus important est accéder au salut et à la vie éternelle par le sacrifice du Christ. Connaître la volonté de Dieu ainsi que les conditions et les enseignements de Jésus pour y arriver est chose fondamentale.

C'est aussi dans ce but que le Sauveur a envoyé Ses apôtres par toute la terre pour annoncer la bonne nouvelle de la vie éternelle à tous les peuples. On ne prend pas assez au sérieux cette chose capitale qu'est le salut.

La bonne nouvelle est annoncée à toute la terre. Oui, mais y prend-on seulement garde ? Chacun devrait prendre cette bonne nouvelle pour lui-même, la méditer savoir si on entrera au Paradis ou non.

Les paroles de Jésus sont pourtant claires là-dessus quand il dit : « Il y a beaucoup d'appelés mais peu d'élus ». Elles veulent bien dire que ce n'est pas tout le monde qui entrera dans le royaume de Dieu.

Ces paroles de Jésus ainsi que Ses conseils, qui sont si importants pour arriver à la vie éternelle et qui n'intéressent que le « peu d'élus », ne sont guère connus du monde. Pratiquement, tous les hommes ont une religion ou font parties d'une église, mais, d'après ce que dit le Christ, ce n'est pas pour autant qu'ils seront tous sauvés. Jésus est clair là-dessus.

Jésus sait qu'il y aura un jugement pour chacun de nous que l'on fasse partie d'une église ou non. Le « tri » qui sera fait aura pour but de déterminer quels sont les « authentiques croyants ». Dans cette vie de « modernismes » où l'on s'éloigne de Dieu et de Son Christ, parler de la Parole de Dieu paraît – pourrait-on dire – démodé, inopportun et inadapté. Mais l'homme, s'éloignant de plus en plus du Créateur, court le risque de ne jamais retrouver le chemin qui mène à lui. Dieu est pourtant patient et ne se lasse pas de pardonner à celui qui se confesse sincèrement et se repent. Mais il ne faut pas dépasser les limites de la patience de Dieu. La patience de Dieu a des limites, et il est dangereux de les dépasser.

Le salut comprend : la repentance, la confession, le pardon de Dieu, la justification et la sanctification. Dieu ne peut accorder le salut à celui qui est indifférent et qui, n'ayant aucune envie de L'écouter, se moque de Ses lois. Le temps d'une vie nous est accordé dans le but d'arriver au salut, car le péché nous a fait perdre la vie éternelle.

Dans Sa bonté infinie, Dieu a donné une nouvelle chance à l'homme pour qu'il revienne à lui : « Revenez à moi, et je reviendrai à vous ». Il nous demande aussi : « Pourquoi mourriez-vous ? Changez et vivez ! » Sans ce but vital qu'est la vie éternelle, la vie sur terre n'aurait aucun sens. Tous ceux qui sont morts depuis la Création, qui s'en souvient ? À part les gens célèbres qui ont jalonné l'histoire, les autres morts sont comme s'ils n'avaient jamais existé. Quel intérêt a leur vie ? Dieu connaît tous et chacun. Pour lui, tous les êtres humains sont inscrits dans les livres du ciel et sont vivants ! – *Luc 20:38*. C'est le jugement qui déterminera leur sort définitif.

Le choix de se retourner complètement vers Dieu doit se faire au plus tôt, c'est-à-dire dès sa jeunesse. Car, plus on avance dans l'âge, plus il est difficile. Il est souvent trop tard de changer soi-même, parce que l'esprit est déjà bien arrêté sur des convictions acquises. Beaucoup ne changent pas à cause des traditions.

Aussi est-il important de savoir si notre foi est bien basée sur la Parole de Dieu, et si nos convictions sont en parfait accord avec elle. Il faut en faire soi-même la recherche. Car, au jour du jugement, où nous nous retrouverons face à Dieu et au Christ (qui sera notre juge), ce ne sont pas les chefs religieux ou d'autres qui répondront pour nous. C'est dire qu'une telle décision doit être prise à temps et au moment favorable, en étudiant les Saintes Écritures de Dieu qui contiennent les conditions du salut. Dieu aidera tous ceux qui le veulent vraiment, soyons-en sûrs. Mais, de nos jours, on a l'impression que cela n'intéresse que bien peu de gens.

Les gens se laissent tellement emporter par le courant de la vie moderne à laquelle ils se sont attachés qu'ils ne voient pas où est leur intérêt vital.

Dans *Philippiens 2:12-13*, il est dit « avec crainte et tremblement, mettez en œuvre votre salut ». Cela n'est pas pour effrayer les gens que Paul écrit ces paroles aux Philippiens, mais pour que l'on prenne conscience de l'importance de nos actes et de notre foi pour arriver au salut.

Il est vrai que voir le peu de gens qui s'inquiètent de cette chose capitale qu'est le salut, et qui pourtant se disent chrétiens, cela prouve bien que Satan arrive sans peine à ses fins. Car l'ennemi peut très bien arriver par ses ruses à éloigner ces gens de Dieu. Le Seigneur aura tout fait pour les aider à se tourner vraiment vers lui et à l'écouter. Si peu soucieuses et peu reconnaissantes de ce que Dieu leur offre gratuitement, ces personnes ne se rendent pas compte que Dieu se retire d'elles. Elles ne voient pas que le salut s'obtient et se gagne en y travaillant sans relâche. Le salut est comme un examen : on ne compte pas sur les autres pour avoir le diplôme voulu, mais on y arrive tout en y ayant travaillé pour l'obtenir. Sans ce « diplôme », on n'aura rien.

Tous les peuples du monde entier doivent recevoir ou ont reçu la bonne nouvelle de la vie éternelle. Jésus a toujours des hommes dévoués pour accomplir cette mission.

Nul n'entrera au Paradis sans avoir connu le Seigneur sur cette terre. Jésus annonce « quand la bonne nouvelle du Royaume sera prêchée à toute la terre à tous les peuples, pour servir de témoignage à toutes les nations, alors viendra la fin. » — *Matthieu 24:14*.

Jésus annonce encore la fin du monde. Malheureusement il semble que beaucoup de gens n'y croient pas ou placent cette « fin » dans un vague avenir lointain. En tous cas, ils ne pensent même pas qu'elle pourrait arriver à tout moment, comme le laisse entendre le Christ.

On dirait que les hommes sont devenus inébranlables et indifférents devant les signes annoncés et les appels de Dieu. Personne n'a la crainte de Dieu. Nul ne l'aime du plus profond de son cœur. Seuls les intérêts personnels et les plaisirs de ce monde comptent ; c'est pourquoi Dieu a fixé un jour où Il jugera le monde.

« Pour le jour que je prépare », dit le Seigneur dans le texte de *Malachie 3:21*. « Jour grand et redoutable, et qui pourra subsister ? », est-il écrit.

Seuls les forts en foi hériteront la vie éternelle promise ; ni les froids, ni les tièdes, mais les bouillants, ceux que le Seigneur aime.

Chapitre 9

La repentance, la confession et le pardon

Il faut d'abord faire la différence entre le vrai repentir, celui qui entraîne le pardon de Dieu, et le simple remord ou regret.

L'exemple de Judas nous fait voir cette différence. Judas a regretté son terrible geste, mais n'a eu que du remord qui l'a conduit au suicide, puisqu'il s'est pendu. Judas a refusé la main que Jésus lui tendait, et a préféré le péché. Il ne pouvait plus être pardonné.

Jésus a dit de lui : « Il eut mieux valu pour cet homme qu'il ne soit jamais né ». Reconnaître ses péchés, s'accuser de ses fautes, les confesser sincèrement, se repentir, et surtout s'en détourner et implorer le pardon de Dieu au nom du Christ, c'est la vraie repentance.

Si une fois on a confessé ses fautes, et on persiste à les commettre à nouveau, cette confession risque de ne pas être retenue. Cependant, malgré nos sérieux efforts, il peut arriver de succomber. Il faut aussitôt s'en remettre à Jésus, lui seul peut nous réhabiliter aux yeux de Dieu. Jésus a dit : « L'esprit est bien disposé, mais la chair est faible ». — *Matthieu 26:41* et *Marc 14:38*.

Toute relation avec Dieu commence par un vrai repentir. Sans cela, aucune démarche pour rencontrer le Seigneur n'est sérieuse et ne peut être acceptée de notre Père Céleste.

Cela a pour but de montrer que Dieu aime le pécheur et qu'Il veut qu'il soit sauvé, mais ne tolère pas le péché quel qu'il soit. Dieu n'a pas toléré le péché de nos premiers parents Adam et Ève, par exemple.

Pour se repentir, il faut avant tout bien sûr avoir conscience que l'on a péché. Or la plupart des gens ne se rendent plus compte qu'ils pèchent vis-à-vis du Seigneur, tant le péché a été banalisé et minimisé. Ce qui est pire c'est que l'on ne peut se repentir de ce que l'on n'a pas conscience, mais surtout que l'on ne cherche pas à connaître les Lois de Dieu. Sans la reconnaissance de ses fautes, il ne peut y avoir de pardon.

C'est le Saint-Esprit qui convainc de péché. Tout au long des Écritures, Dieu appelle les hommes à la repentance et à se détourner du mal.

Jean-Baptiste a appelé à la repentance. Jésus a appelé à la repentance. Pierre également.

> Ésaü, qui pour un mets vendit son droit d'aînesse, [et aussi] voulant obtenir la bénédiction, (...) fut rejeté, quoiqu'il la sollicitât avec larmes ; car son repentir ne put avoir aucun effet. — *Hébreux 12:16-17*.

Au jour de la Pentecôte, quand ceux qui ont été convaincus du péché, s'écrièrent : « Que ferons-nous ? », les premières paroles de Pierre en réponse à cette question furent : « Repentez-vous donc et convertissez-vous pour que vos péchés soient effacés ». — *Actes 2:38 ; 3:19*.

> La vraie repentance comprend la douleur d'avoir commis le péché, et le délaissement de celui-ci. Impossible d'abandonner le péché avant d'en avoir vu la gravité. Point de vrai changement de vie jusqu'à ce que l'on se soit détourné du péché de tout son cœur, c'est la condition de la vraie repentance, dans le sens biblique du terme. — Ellen G. White, dans *Le Meilleur Chemin*, p. 21.

Mais hélas souvent l'orgueil prend le pas sur la reconnaissance de nos péchés et nous porte un tort qui peut nous être fatal.

Dans *Daniel 9:5*, il est écrit : « Seigneur, Dieu grand et redoutable, toi qui gardes ton alliance, et qui fait miséricorde à ceux qui t'aiment, et qui observent tes commandements ».

La confession et le pardon

Il ne faut pas croire – parce que le Christ est mort pour nous sauver – que l'on n'a plus rien à faire. Il est vrai que le sang du Sauveur suffit à laver nos péchés, mais cela ne nous autorise pas à faire ce qu'on veut.

Le Christ offre Son sang à tous ceux qui ayant le cœur contrit, se repentent sincèrement, suivent Ses enseignements et gardent Ses vérités ; ce sont des conditions essentielles pour arriver au salut et honorer Celui qui a donné Sa vie pour nous sauver.

> La confession doit se faire à Dieu et non pas à un homme, son semblable, qui est lui-même pécheur, mais celui qui aime ses propres penchants, préfèrera se confesser à un mortel comme lui plutôt qu'à Dieu. — Ellen G. White, dans *Patriarches et Prophètes*, chapitre 49, p. 508.

Sans le sang du Christ offert, « la loi divine qui condamne le pécheur ne lui offre aucun moyen de salut ». — Ellen G. White, *op.cit.*

> « C'est uniquement par la foi au Rédempteur que l'on reçoit le pardon et la force de mieux faire. » — Ellen G. White, *op. cit.*

Si l'on veut être sauvé, il ne faut donc pas compter sur nos propres efforts, qui restent indispensables et font partie des conditions demandées, mais nous ne devons nous confier qu'aux mérites du Sauveur.

Dès le moment où, avec foi et sincérité, nous confessons nos péchés et les exprimons dans une profonde contrition et dans une ferme volonté de nous en détourner, Dieu – qui sait reconnaître la vraie foi et la vraie sincérité – nous accorde Son pardon et nous donne la justice de Son Fils Jésus.

Le pardon est immédiat et nous conduit sur *le chemin de la sanctification*, qui est la preuve du pardon de Dieu. La *sanctification* suit la *justification* (l'une ne va pas sans l'autre).

- ***Justifié*** : rendu juste par la foi
- ***Sanctifié*** : rendu saint.

Ce n'est pas parce que le Christ est mort pour nous sauver que l'on n'a plus rien à faire. Au contraire, en commençant par la confession et l'obéissance. Dans la lettre aux Hébreux, l'auteur dit : « Recherchez la sanctification sans laquelle nul ne verra le Seigneur ». — *Hébreux 12:14*.

C'est pourquoi il ne suffit pas de dire « moi je suis croyant ou chrétien » pour être tranquille et être sauvé. Il faut prouver sa foi. L'exemple d'Abraham en est un modèle parfait. Il a été justifié pour sa foi et a été rendu juste bien qu'il fût pécheur. Il a obéi à Dieu et était prêt à sacrifier son fils Isaac, comme Dieu le lui avait demandé comme preuve de sa foi. Au moment où Abraham allait sacrifier son fils unique, l'ange du Seigneur arrêta son bras et lui dit : « Ne lui fait aucun mal, Dieu est le Dieu des vivants ».

La Bible dit « qu'il eut confiance en Dieu et que sa foi lui fut *imputée à justice* ». Il fut appelé « l'ami de Dieu ». Il a cru à la promesse que Dieu lui avait faite, celle d'une postérité et d'un Sauveur.

Dieu éprouve celui qui dit avoir foi en lui. Quand il est *justifié*, le vrai croyant passe par la nouvelle naissance et devient un homme nouveau : « Celui qui ne naît de nouveau ne peut voir le royaume de Dieu » a dit Jésus à Nicodème, un chef des Juifs, qui lui demanda ensuite : « Comment un homme peut-il naître quand il est vieux ? Peut-il rentrer dans le sein de sa mère et naître ? » — *Jean 3:1-4* et *Jean 3:8-10*.

Tous ceux qui veulent expliquer ces choses par leur seule intelligence, resteront dans la confusion. Car c'est le Saint-Esprit qui aide à la compréhension des textes sacrés.

En route vers le ciel

Chapitre 10

Satan

À l'origine, Lucifer (Satan) était un être lumineux et pur. Il occupait une des plus hautes positions de l'univers. Toujours en présence du Seigneur de gloire, cet ange vivait dans un ruissellement de lumière continu.

Lucifer était un être parfait en beauté et en sagesse, mais il se complut dans sa beauté et dans sa magnificence et voulut élever son trône au-dessus des étoiles du Très-Haut. « Je monterai sur le sommet des nues, je serai semblable au Très-Haut. » — *Ésaïe 14:13,14*. Le prophète inspiré fait allusion avant tout, au roi de Tyr, qui représente Lucifer dans sa révolte dans le ciel.

La démesure de son orgueil et sa prétention inouïe causèrent sa perte. Il entraîna dans sa révolte contre Dieu et dans sa chute toute une foule d'anges. Après sa révolte, Dieu toléra longtemps sa présence dans les lieux célestes, mais malgré les appels du Seigneur pour qu'il se reprenne, ne reconnaissant pas ses torts, Lucifer persista dans sa rébellion.

Le mal faisant son chemin finit par s'enraciner dans son cœur et dans son être tout entier. L' « ange de lumière », le « fils de l'aurore », est devenu Satan l'incarnation du mal, le séducteur, le menteur.

> Satan fut chassé de la proche présence de Dieu mais il avait encore accès dans les cours célestes. Puis il fut précipité dans notre atmosphère, c'est là qu'il est gardé avec les démons en attendant sa destruction.
> — Alfred Vaucher.

Quand Dieu créa l'homme, Satan se donna pour but de le séduire et de l'entraîner avec lui dans sa chute. C'est dans le jardin d'Éden qu'il exerça ses sordides talents de séductions et de mensonges sur nos premiers parents. La genèse nous dit ce qu'il s'ensuivit. Depuis cet épisode, Satan n'a jamais cessé de séduire les hommes et de les tromper. Sans la grâce du Seigneur, l'homme ne serait que le jouet du diable.

Toutefois, ceux qui se détournent de Dieu et de Ses lois ou veulent les ignorer sont poursuivis par l'adversaire et tombent infailliblement dans ses filets.

> Satan a réussi à faire croire que le péché pouvait être excusé et à rendre le chemin du mal attrayant. — Ellen G. White.

Satan berce les gens d'illusions. Il fait croire aux hommes que Dieu étant amour, ne tient pas compte de leurs péchés. On sait dire que Dieu est bon, trop bon, pour condamner les pécheurs, ainsi l'homme ne se sent plus coupable de rien. D'ailleurs, de nos jours, la notion du péché a quasiment disparue.

Pourtant, n'est-il pas écrit : « L'âme qui pèche c'est celle qui mourra ? » — *Ézéchiel 18:20*. Mais celui qui marche avec Dieu, sait où se cache le péché. Il en a une notion flagrante. Il sait que le malin est à l'œuvre pour nous perdre, qu'il exerce sur le monde une fascination à laquelle beaucoup trop de gens se laissent prendre sans même s'en rendre compte.

Le vrai croyant sait aussi que Dieu ne tolère pas, et ne tolèrera aucun péché. Il sait qu'un terrible jugement attend tout transgresseur non repenti et que, sans protection divine, on tombe dans les filets de cet esprit trompeur (voir *Ézéchiel 9:4-6 ; Ésaïe 26:21 ; Zacharie 14:12-13*). L'apôtre Pierre dit : « Soyez sobres, veillez. Votre adversaire, le diable, rôde comme un lion rugissant, cherchant qui il dévorera. »

Pour détourner le plus de personnes de Dieu, Satan fait croire que la Bible n'est que de l'histoire ancienne et ne nous concerne pas directement. L'ennemi pousse les gens à croire que tout ce qui est céleste est irréel et du domaine de l'imaginaire. L'écouter est une grave erreur, car son but est de nous perdre.

La Bible est d'origine divine ; c'est de la part de Dieu que des hommes choisis l'ont écrite. Elle prouve et dévoile Ses trésors à celui qui, ayant le cœur repentant, cherche Dieu de tout son cœur.

Satan pousse aussi les hommes à douter de l'origine divine des Saintes Écritures, voire à la nier.

Satan s'attaque à tout, surtout à nos faiblesses. C'est dans les moments de découragements, de doutes, d'épreuves, où nous sommes les plus vulnérables qu'il s'efforce par tous les moyens de nous faire sombrer. Il nous fait voir Dieu comme un tyran et nous le montre comme indifférent à nos souffrances. Il pousse les gens peu affermis dans la foi à se détourner de lui.

Son terrain de chasse se trouve également dans les distractions, qui sont de plus en plus nombreuses à notre époque et où il est sûr de trouver des âmes à séduire.

Le vrai croyant peut ressortir plus fort des épreuves, car c'est souvent au fond de l'abîme que le Seigneur vient le chercher, et c'est dans l'épreuve que la confiance en lui sera testée. Si le croyant lui garde sa confiance jusqu'au bout, Dieu l'en sortira, et il sera vainqueur de sa foi en lui et envers son Sauveur.

N'est-il pas écrit : « Le malheur atteint souvent le juste, mais Dieu l'en délivre toujours » — *Psaume 34:19*. C'est pourquoi si le chemin paraît difficile pour arriver à Dieu, c'est bien par cette porte étroite que l'on rencontre le Seigneur. « Entrez par la porte étroite, car large est la porte, spacieux est le chemin qui mène à la perdition, il y en a beaucoup qui entrent par-là, mais étroite est la porte, resserré le chemin qui mène à la vie, il y en a peu qui le trouvent » dit Jésus. — *Matthieu 7:13-14.*

Il faut savoir que celui qui se fie et se confie en son Créateur, qui lui obéit, ne sera jamais seul. Il faut le savoir et en être convaincu, car Dieu est fidèle.

Satan fait aussi croire à beaucoup de gens, qu'ils peuvent être tranquilles, qu'après leur mort ils vont directement au ciel. D'ailleurs ne dit-on pas d'un cher disparu, qu'il est au ciel et que de là-haut il nous voit ? Or la Bible déclare dans *Ecclésiaste 9:5*, « les morts ne savent rien » et aussi dans *Ecclésiaste 9:10* : « Car il n'y a ni œuvre, ni pensée, ni science, ni sagesse, dans le séjour des morts, où tu vas ».

> Satan s'efforce constamment de détourner les esprits du divin, et de les fixer sur l'humain afin d'empêcher l'homme de coopérer avec le ciel. Il dirige l'attention vers des inventions humaines pour que l'on mette sa confiance en l'homme, qu'on fasse de la chair son appui, et que l'on ne saisisse pas Dieu par la foi — Ellen G. White, dans *Messages choisis*, vol. 2, p. 141.

Chapitre 11

Le sacrifice du Christ

Il est écrit que « Dieu a tant aimé le monde qu'Il a donné Son Fils unique, afin que quiconque croit en lui ne périsse point, mais qu'il ait la vie éternelle. » — *Jean 3:16*.

Dieu veut que tous les hommes soient sauvés, pour cela Dieu demande de croire en Son Fils, Jésus, à Son sacrifice avec une vraie foi, celle qui arrache les élans d'amour envers le Sauveur et envers Dieu. Si Dieu a tant aimé le monde qu'Il a donné Son Fils unique, il est naturel que le monde lui donne aussi son amour. Car le sacrifice du Christ n'enveloppera pas les péchés de ceux qui n'y croient pas, ni des indifférents, ni de ceux qui doutent, ni des insouciants, ni des moqueurs, ni des tièdes, à moins qu'ils changent. « Changez et vivez », dit le Seigneur. À quoi servirait le jugement, si ce n'est pour châtier les impies et les méchants ? Or, la chose la plus importante et capitale qui n'a jamais été donné à l'homme pour le sauver, c'est le sacrifice du Christ. On ne peut avoir la vie éternelle que par lui, et lui seul. Jésus dit lui-même : « Je suis le chemin, la vérité et la vie, nul ne vient au Père que par moi » — *Jean 14:6*.

L'homme a été créé libre, mais en respectant les lois de son Créateur, et les devoirs qui lui sont dus. Mais nos premiers parents ont enfreint la loi et ont désobéi à Dieu. Ils ont dû passer par la mort. Pourtant, Dieu les avait prévenus. Il dit à Adam en parlant du fruit défendu : « Mais tu ne mangeras pas de l'arbre de la connaissance du bien et du mal, car le jour où tu en mangeras, tu mourras. » — *Genèse 2:17*.

Dieu n'a pas exécuté la sentence : la mort immédiate. C'est le péché qui a conduit l'homme à la mort ; un corps souillé par le péché ne peut que se dégrader et mourir. Mais Dieu, dans Son amour infini pour Sa créature, n'a pas voulu l'abandonner à la mort éternelle. L'homme pécheur devra mourir, mais il aura une seconde chance pour se relever. C'est ainsi que le plan de rédemption a été mis en application. Ce plan de salut avait été mis sur pied et conçu avant la création de l'homme. C'est grâce au Rédempteur, le Christ, que l'homme pécheur a évité une mort immédiate, car, en créant l'homme libre, Dieu savait qu'il pouvait désobéir — et c'est ce qu'il a fait.

C'est ainsi que le Rédempteur allait paraître sur terre et payer la rançon pour sauver l'homme déchu de la mort éternelle. En s'offrant en sacrifice, le Christ Rédempteur a permis à l'homme perdu de se racheter, d'obtenir le pardon de Dieu et de se réconcilier avec lui. Mais la démarche doit se faire personnellement. N'oublions pas que nous péchons tous sans exception.

Il est écrit que « sans effusion de sang il n'y a pas de pardon ». — *Hébreux 9:22*. C'est le Fils bien aimé qui allait verser Son sang précieux pour l'humanité, seul sang accepté de Dieu le Père. Car le sang des animaux que l'on offrait en sacrifice et qui représentait le sacrifice du Christ (l'agneau immolé) ne pouvait le remplacer, ni nous laver de la souillure du péché, « car il est impossible que le sang des taureaux et des boucs ôte les péchés ». — *Hébreux 10:4*. Même le sacrifice d'êtres célestes ne pouvait répondre à cette exigence. Aucun être créé n'aurait pu y satisfaire. Seul le Créateur, le Fils de Dieu qui est égal au Très-Haut, pouvait sauver l'homme.

Mais cela ne s'est pas fait sans lutte et douleur dans le cœur de Dieu le Père, lorsqu'il fallut prendre l'ultime décision, celle de voir sacrifier Son Fils bien-aimé.

Seule une foi profonde peut croire à un tel amour de la part du Créateur pour l'homme, amour qui surpasse toute compréhension humaine. Aussi la condamnation des incrédules et des indifférents sera à la hauteur de leur faute.

> Adam savait qu'un Rédempteur devait venir sur terre. Il commença avec ses fils à offrir des sacrifices cérémoniels, ordonnés par Dieu comme types de la venue du Rédempteur. — Ellen G. White, dans *Prophètes et Rois*, chapitre 58, p. 520.

C'est parce que la Sainte loi de Dieu ne peut être changée que le sacrifice du Christ a été nécessaire et capital pour l'homme pécheur. L'homme doit mourir certes (car c'est la conséquence du péché), mais Dieu lui offre la vie éternelle gratuitement, puisque le Sauveur a payé la rançon pour lui. À cette espérance, le croyant doit s'attacher, mais il *doit* surtout – c'est impératif – croire, confesser ses péchés et observer scrupuleusement les lois de Dieu et les enseignements de Jésus Christ.

À partir du moment où le vrai croyant a accepté le sacrifice du Christ et s'engage solennellement à obéir à Dieu et à observer scrupuleusement Ses commandements, son nom reste inscrit dans le Livre de Vie. Jésus dit : « Je n'effacerai pas son nom du Livre de Vie ». — *Apocalypse 3:5*. Donc, cela veut dire que notre nom peut en être effacé.

Quand Dieu demanda à Abraham de lui offrir son fils en sacrifice, Abraham obéit à Dieu malgré la douleur profonde de voir mourir son fils unique. Cela représentait le Père éternel donnant Son fils Jésus Christ en sacrifice pour payer la rançon qu'exigeait Sa loi en faveur de l'homme pécheur. C'est pourquoi tout homme devra être jugé d'après ses actes.

Mais Dieu épargna Isaac le fils d'Abraham, tandis que Jésus est mort dans des terribles souffrances corporelles et mentales. Mais la pire douleur du Christ sur la croix a été de voir Son Père se retirer de lui, lui qui portait tout le poids des péchés du monde à lui seul.

C'est à ce moment que l'on entendit ce cri déchirant du Christ supplicié : « Père, Père, pourquoi m'as-tu abandonné ? » — *Matthieu 27:46*. Avant d'expirer, le Seigneur prononça ces paroles : « Tout est accompli » — *Jean 19:30*. Il baissa la tête et rendit l'esprit.

Dieu l'a ressuscité le troisième jour qui suivit Sa mort, car il n'était pas possible que celui qui était sans péché voit la corruption et soit retenu par la mort.

Qui pourra imaginer la douleur de Dieu le Père devant une telle scène ?

> Le calvaire du Christ a été pour Dieu le Père une douleur plus cruelle que toutes celles que l'homme peut subir — Du livre : *Ce que croient les adventistes*.

Comment ne pas être en adoration devant Celui qui n'a pas hésité à mourir pour le rachat du pécheur, lui le Roi des Rois, lui honoré de tout le ciel et de tous les mondes créés, lui la lumière du monde ? C'est pourquoi les incrédules, les tièdes, les moqueurs, les indifférents devront fléchir les genoux et servir de marchepieds (voir *Actes 2:34-35*) devant le Prince de la vie et le Seigneur des seigneurs. Ces personnes devront reconnaître que Jésus est le Roi du ciel incontesté et éternel, le bien-aimé du Père.

Chapitre 12

Le retour de Jésus Christ

La lumière sur le retour du Christ est donnée par Jésus lui-même : « Je reviendrai » — *Jean 14:3*. Cette promesse venait renforcer les autres déclarations par lesquelles le Sauveur avait annoncé qu'Il reviendrait en gloire pour régner.

Dans *Actes 1:9-11*, il est dit qu'après avoir parlé à Ses apôtres, le jour de Son ascension, Jésus fut enlevé. Pendant que Ses amis le regardaient, une nuée le déroba à leurs yeux. Comme ils avaient les regards fixés vers le ciel, pendant que Jésus s'en allait, deux hommes (deux anges) vêtus de blanc leur apparurent et dirent : « Hommes Galiléens, pourquoi vous arrêtez-vous à regarder au ciel ? Ce Jésus, qui a été enlevé au ciel du milieu de vous, viendra de la même manière que vous l'avez vu allant au ciel ». — *Actes 1:11*. Jésus les avait assurés plusieurs fois de Son retour : « Alors on verra le Fils de l'homme venant sur une nuée avec puissance et une grande gloire. Quand ces choses commenceront à arriver, redressez-vous et levez vos têtes, parce que votre délivrance approche ». — *Luc 21:27-28*.

Jésus déclare dans les Évangiles en parlant de ce grand jour : « Comme l'éclair resplendit et brille d'une extrémité du ciel à l'autre, ainsi sera le Fils de l'homme en son jour ». — *Luc 17:24*. « Encore un peu, un peu de temps: celui qui doit venir viendra, et il ne tardera pas ». — *Hébreux 10:37*. « Pour ce qui est du jour et de l'heure, a-t-il dit, personne ne le sait, ni les anges des cieux, ni le Fils, mais le Père seul ». — *Matthieu 24:36*.

Mais pour ce qui est de sa proximité, il dit : « Quand vous verrez toutes ces choses (le signe de l'avènement du Christ et de la fin du monde), sachez que le Fils de l'homme est proche, à la porte ». — *Matthieu 24:33*. Donc, si nous ne connaissons ni le jour, ni l'heure, nous pourrons en connaître la proximité (c'est ce que Jésus laisse entendre), proximité qui sera ressentie certainement par ceux qui attendent le retour de leur Sauveur.

« Rappelle-toi donc comment tu as reçu et entendu, et garde et repens-toi. Si tu ne veilles pas, je viendrai comme un voleur, et tu ne sauras pas à quelle heure je viendrai sur toi ». — *Apocalypse 3:3*. Jésus ajoute que l'ignorance au sujet de l'imminence de Son retour sera aussi fatale que le fut l'ignorance des antédiluviens (voir *Matthieu 24:37-39*).

Il est écrit que quand les hommes diront « Paix et sûreté » qu'alors une ruine soudaine les surprendra, comme les douleurs de l'enfantement surprennent la femme enceinte ; ils n'échapperont point. — voir *1 Thessaloniciens 5:3*.

Mais il est dit à ceux qui auront pris garde aux avertissements : « Vous-mêmes le savez parfaitement : le jour du Seigneur vient comme un voleur dans la nuit. (…) Tous, en effet, vous êtes fils de la lumière, fils du jour : nous ne sommes ni de la nuit, ni des ténèbres ». — *1 Thessaloniciens 5:2,5*.

L'apôtre Paul affirme que ceux qui attendent le retour du Christ ne seront pas surpris, car ils auront suivi les signes des temps et connaîtront la proximité de Son retour.

Dans son ouvrage *La Tragédie des siècles*, Ellen G. White affirme que « les Écritures n'autorisent personne à ignorer la proximité du retour du Seigneur Jésus » (p. 402). Quand on sait le nombre incroyable de gens qui ne l'attendent pas, qui ignorent même ce grand événement qui disent lire la Bible et se disent chrétiens et croyants. Ils ignorent les enseignements du Christ et des Saintes Écritures où sont rapportés les grands événements qui concernent notre époque et notre monde ; ils ne s'intéressent ni ne réagissent aux signes qui apparaissent de toutes parts.

« Paix et sûreté », oui, il n'a jamais été autant parlé de paix et de processus de paix, alors que dans l'Ancien Testament, surtout pour notre époque, il est dit : « Il y a du tumulte parmi les nations, ce n'est la paix. » — *Psaume 2:1*.

Jésus nous donne cet ultime conseil dans l'*Évangile de Luc chapitre 21, versets 34 et 36* : « Prenez garde à vous-mêmes, de crainte que vos cœurs ne s'appesantissent par les excès du manger et du boire, et par les soucis de la vie, et que ce jour ne vienne sur vous à l'improviste; (…) Veillez donc et priez en tout temps, afin que vous ayez la force d'échapper à toutes ces choses qui arriveront, et de paraître debout devant le Fils de l'homme ».

> Le retour du Christ a dû être retardé car Sa Parole aurait dû être prêchée au monde entier, chose qui n'a pas été faite en son temps par ceux qui avaient été assignés à cette tâche. — Ellen G. White.

Retour soudain et inattendu. Pour la plupart des humains, « le jour du Seigneur viendra comme un voleur » — *1 Thessaloniciens 5:2,3 ; Matthieu 24:43*. Ils ne s'y attendront pas et n'y seront pas préparés.

La parabole des dix vierges des Évangiles illustre bien cette situation. — *Matthieu 25:1-12*.

Les vrais croyants qui attendent le retour du Christ seront conscients de la proximité de Sa venue. — *1 Thessaloniciens 5:4,6*.

Jésus annonce plusieurs fois la fin de ce monde et le royaume de Dieu. Il dit aussi : « Cette bonne nouvelle du royaume sera prêchée dans le monde entier, pour servir de témoignage à toutes les nations. Alors viendra la fin ». — *Matthieu 24:14*. De nos jours, tous les peuples du monde reçoivent l'Évangile grâce aux déplacements par circuits modernes, lointains et rapides, ainsi que par la télévision, les radios et encore d'autres moyens qui n'existaient pas auparavant (sans compter la publication de millions d'exemplaires de la Bible qui est mise ainsi à la disposition de tous).

Nous assistons à une série et à une précipitation d'événements qui confirment ce que le Christ a dit : « quand vous verrez toutes ces choses, sachez que le Fils de l'homme est à la porte ».

Ceux qui l'auront attendu tressailliront de joie et d'allégresse. Transportés de joie, ils s'écrieront : « Voici, c'est notre Dieu, en qui nous avons confiance, et c'est lui qui nous sauve; c'est l'Éternel, en qui nous avons confiance; soyons dans l'allégresse, et réjouissons-nous de Son salut! ».

Les autres seront frappés de terreur, ils se cacheront dans les cavernes et les rochers, et diront : « Et ils disaient aux montagnes et aux rochers: Tombez sur nous, et cachez-nous devant la face de celui qui est assis sur le trône, et devant la colère de l'agneau; car le grand jour de Sa colère est venu, et qui peut subsister? » Le Seigneur apparaîtra du ciel avec les anges de Sa puissance au milieu d'une flamme de feu pour punir ceux qui ne connaissent pas Dieu et ceux qui n'obéissent pas à l'Évangile de notre Seigneur Jésus. — *2 Thessaloniciens 1 : 7, 8.*

> Jésus déclare que le monde fera preuve d'une incrédulité analogue au sujet de Son retour. Comme les contemporains de Noé « ne se doutèrent de rien, jusqu'à ce que le déluge vînt et les emportât tous, il en sera de même à l'avènement du Fils de l'homme ». — *Matthieu 24:39.* Ceux qui se disent le peuple de Dieu s'uniront au monde, vivront de sa vie, participeront avec lui aux plaisirs défendus, au luxe et à l'apparat; les cloches nuptiales tinteront gaiement, et le monde entier comptera sur des années de prospérité. Alors, aussi soudainement que l'éclair déchire la nue, viendra la fin de leurs visions

enchanteresses et de leurs fallacieuses espérances. »
— Ellen G. White, dans *La Tragédie des Siècles*, chapitre 18, p. 366.

La première venue du Christ sur la terre s'est réalisée comme l'annonçaient les prophètes. Sa seconde venue, Son retour en gloire se réaliseront aussi sûr comme le Christ lui-même l'annonce.

Dans *Apocalypse 1:7*, c'est tout aussi clair : « Voici il vient sur les nuées, et tout l'œil le verra ». Adam savait que le Christ viendrait sur terre. Tout au long de l'Ancien Testament, de nombreux passages annonçaient un Rédempteur, si bien qu'il n'était pas possible de l'ignorer. Son retour en gloire est de même annoncé, et ce, jusqu'aux derniers paragraphes de l'Apocalypse : « Celui qui atteste ces choses dit: Oui, je viens bientôt. Amen! Viens, Seigneur Jésus! Que la grâce du Seigneur Jésus soit avec tous! » — *Apocalypse 22:20,21*.

« Je suis l'alpha et l'oméga, dit le Seigneur Dieu, celui qui est, qui était, et qui vient, le Tout Puissant. » — *Apocalypse 1:8*.

En route vers le ciel

Chapitre 13

Le Jugement Dernier

« Prépare-toi à la rencontre de ton Dieu, ô Israël » — *Amos 4:12*, le Seigneur Dieu a adressé cette déclaration au peuple d'Israël dans l'Ancien Testament. Se préparer à la rencontre de Dieu concerne aussi tous les hommes parce qu'il nous faut tous comparaître devant Dieu au Jour du Jugement.

Dans le dernier livre de la Bible – l'Apocalypse –, cette déclaration impérative nous est renouvelée en ces termes : « Il disait d'une voix forte: "Craignez Dieu, et donnez-lui gloire, car l'heure de Son jugement est venue; et adorez celui qui a fait le ciel, et la terre, et la mer, et les sources d'eaux". » — *Apocalypse 14:7*. Il est clair que l'heure du Jugement de Dieu est venue.

Or, un grand nombre de gens ne pense même pas à un tel événement. Comment pourraient-ils le craindre ? Même si cela les effleure un tant soit peu, ou ils n'y croient pas trop, ou ils n'y pensent pas ; même si ce sont les Saintes Écritures qui le disent et l'annoncent, soit ils ne se sentent pas concernés, soit c'est du domaine de l'irréel pour qu'ils en tiennent compte. Il faut dire que dans la vie de tous les jours, on n'entend pas tellement parler de cet événement pourtant crucial de la plus haute importance.

Il faut rechercher ces vérités soi-même dans l'étude de la Parole de Dieu où des choses vitales y sont écrites. Il faut *impérativement* qu'on connaisse ces vérités, en demandant l'aide divine avec prière et humilité. Comme un vrai croyant, on se doit de le faire si l'on veut arriver au salut. Au jour du Jugement Dernier, l'ignorance n'aura aucune excuse. Pour se présenter devant le Juge suprême, il faut être prêt, c'est tout.

Ici-bas, on ne se présente pas devant un tribunal sans en connaître les tenants et les aboutissants du déroulement du procès. L'apôtre Paul, dans la Seconde Épître aux Corinthiens, dit : « Car il nous faut tous comparaître devant le tribunal de Christ, afin que chacun reçoive selon le bien ou le mal qu'il aura fait, étant dans son corps ». — *2 Corinthiens 5:10*.

Les jeunes gens sont particulièrement interpelés dans *Ecclésiaste 11:9-10,13-14* :

> Jeune homme, réjouis-toi dans ta jeunesse, livre ton cœur à la joie pendant les jours de ta jeunesse, marche dans les voies de ton cœur et selon les regards de tes yeux; mais sache que pour tout cela Dieu t'appellera en jugement. Bannis de ton cœur le chagrin, et éloigne le mal de ton corps; car la jeunesse et l'aurore sont vanité. (…) Écoutons la fin du discours: Crains Dieu et observe Ses commandements. C'est là ce que doit faire tout homme. Car Dieu amènera toute œuvre en jugement, au sujet de tout ce qui est caché, soit bien, soit mal.

Il y sera tenu compte de ce que l'on aurait pu faire, et que l'on n'aura pas fait. Savoir que tous nous aurons à affronter le Jugement peut en déranger plusieurs. Mais, il est certain que celui qui obéit à Dieu comme Il le demande n'a rien à craindre et la Loi du Seigneur en sera juge. Dieu offre le salut, mais Il ne contraint personne à prendre le chemin étroit et difficile qui mène à lui.

Celui qui aura refusé l'offre de Dieu verra ce qu'il a perdu et surtout la condamnation qu'il devra encourir pour son refus. Mais, nul ne pourra dire ce jour-là : "Moi, je ne savais pas". Dieu aura mis assez de moyens à notre disposition pour nous instruire sur les choses essentielles. Il aura laissé à chacun beaucoup de portes ouvertes, de preuves et d'occasions de s'instruire et de réfléchir. Ce jour-là, aucune confession et aucune excuse ne seront prises en compte.

Jésus a dit : « Ceux qui me disent : "Seigneur, Seigneur!" n'entreront pas tous dans le royaume des cieux, mais celui [-là] seul qui aura fait la volonté de mon Père qui est dans les cieux. » — *Matthieu 7:21*. C'est donc sur cette terre qu'il faut se préparer.

L'apôtre Paul écrit : « Il a fixé un jour où Il jugera le monde selon Sa justice, par l'homme Jésus-Christ qu'Il a désigné, ce dont Il a donné à tous une preuve certaine en le ressuscitant des morts. » — *Actes 17:31*. Ce verset déclare positivement ici qu'un jour a été fixé par Dieu pour le Jugement du monde.

> Au jour du Jugement, l'usage que nous aurons fait de toutes nos facultés sera examiné avec le plus grand soin. — Ellen G. White, dans *La Tragédie des Siècles*, chapitre 28, p. 366.

Les gens devraient se réveiller. Endormis, ils sont sur leur vie matérielle et terre-à-terre, ne voyant pas ou plus que Dieu existe. Le Jugement les concerne tous. Dieu ne forcera personne à suivre le chemin qui mène à lui. Il aura tout fait pour rattraper les imprudents, aussi il respectera celui qu'ils ont choisi.

Du moment qu'il y a un « Jugement », il y aura aussi une « résurrection » de tous : les uns pour la vie éternelle, les autres pour la mort éternelle.

Le souffle de la colère divine s'abat peu à peu sur les nations, incrédules et insouciantes, tout comme au temps de Noé, nous dit le Christ. Les avertissements cités dans ce chapitre, relevés et donnés tout au long des Saintes Écritures, ne sont pas formulés par un auteur ordinaire, ni humain, ils sortent de la bouche du Très-Haut. Chaque personne est libre de les écouter ou de les ignorer. Si l'on choisit de ne pas écouter ces avertissements, il faudra en subir les conséquences et, donc, encourir la sentence de désobéissance imposée par la loi divine. Mais attention ! Pour ceux qui, au cours des siècles, n'ont pu lire les Écritures, leur jugement se fera par la loi de la conscience. Pour ceux qui ont possédé la Sainte Bible ou auraient pu se la procurer, leur jugement se fera par la loi écrite.

Il y a deux phrases successives à considérer dans le Jugement Final :

1) Le jugement de l'Église qui précède le retour du Christ (voir *1 Pierre 4:17*) et qui est décrit dans *Daniel 7:9-10*, c'est une vaste enquête, ayant pour but de déterminer lesquels, parmi les hommes, sont dignes d'avoir part à la résurrection d'entre les morts, ou première résurrection (voir *Luc 20:35-36*). C'est alors que seront définitivement effacés les péchés de tous ceux qui seront acceptés comme remplissant les conditions de salut, et dont les noms seront conservés dans le « Livre de Vie » (*Actes 3:19-20*). Pour les vrais enfants de Dieu, il y a une simple enquête destinée à établir leur droit à la vie éternelle.

2) Le jugement a lieu entre les deux résurrections ; les élus y participeront en qualité de membres du jury ; c'est ce que nous explique *1 Corinthiens 6:2-3*.

> En collaboration avec le Christ, ils jugent les méchants, en comparant leurs actes avec le code, la Bible, et décidant chaque cas particulier suivant les actions faites dans le corps. Ensuite la mesure du châtiment est établie pour chacun, d'après leurs œuvres ; et la sentence est inscrite à l'encontre de chaque nom dans le Livre de Mort (*2 Corinthiens 5 :10*) ». — Ellen G. White, *Premiers Écrits*, « La terre désolée », page 290.

Ce jugement est suivi de la destruction de tous les ennemis de Dieu. C'est après une enquête détaillée des actes que sera prononcée sur leur auteur une sentence judiciaire décidant de son innocence ou de sa culpabilité.

L'apôtre Jean déclare dans *Jean 3:18* : « Celui qui croit en lui n'est point jugé; mais celui qui ne croit pas est déjà jugé, parce qu'il n'a pas cru au nom du Fils unique de Dieu ». D'après le livre de *Romains 14:10*, la personne qui a cru en Jésus comparaîtra au tribunal pour être reconnue, sauvée, et pour recevoir sa place dans le royaume. — voir *Matthieu 25:34*.

C'est Dieu - « l'ancien des jours » - qui préside au Jugement, comme le montre *Daniel 7:9-10*.

> Je regardai, pendant que l'on plaçait des trônes. Et *l'ancien des jours* s'assit. Son vêtement était blanc comme la neige, et les cheveux de sa tête étaient comme de la laine pure; Son trône était comme des flammes de feu, et les roues comme un feu ardent. Un fleuve de feu coulait et sortait de devant lui. Mille milliers le servaient, et dix mille millions se tenaient en sa présence. Les juges s'assirent, et les livres furent ouverts.

Dieu ne juge personne, mais Il a remis tout jugement au Fils, selon *Jean 5:22*.

Les hommes seront jugés selon les « normes » qui sont :

1) les *pensées*, d'après *1 Corinthiens 4:5* et *Hébreux 4:13* ;

2) les *paroles*, d'après *Matthieu 12:36,37* ;

3) les *actes*, d'après *Ecclésiaste 12 : 15-16*.

La Bible donne trois « sources » de renseignements. Il s'agit de trois livres qui seront consultés pendant le jugement :

1) Le *Livre de Vie*, qui est décrit dans *Daniel 12:1* et sur lequel sont inscrits les noms de ceux qui auront part au royaume de Dieu ;

2) Le *Livre de Mort*, sur lequel sont notées avec une redoutable précision les mauvaises actions (voir *Ésaïe 65:6-7* et *Jérémie 2:22 ; 18:23*), ainsi que la sentence inscrite au regard de leur nom.

3) Le *Livre du Souvenir*, sur lequel sont inscrites les bonnes actions (*Malachie 3:16,18*).

Les Dix Commandements sont la règle du Jugement Dernier. *Romains 2:12* dit : « Tous ceux qui ont péché *sans la loi* périront aussi *sans la loi*, et tous ceux qui ont péché *avec la loi* seront jugés *par la loi* », ainsi sera la justice du Tout-Puissant. *Romains 2:16* rajoute : « C'est ce qui paraîtra au jour où, selon mon Évangile, Dieu jugera par Jésus Christ les actions secrètes des hommes ».

Chaque être humain, sans exception, sera passé par la justice du Seigneur Dieu. On sait donc que c'est Jésus Christ qui jugera le monde en présence de Dieu le Père qui y présidera.

Les vivants et les morts doivent être jugés d'après ce qui est inscrit dans les livres du ciel. Si les saints sont présents à la deuxième phase, c'est parce qu'il fallut qu'ils en aient été dignes et qu'ils aient été enlevés par Jésus dès Son retour en gloire. Il est dit d'eux :

> Ils revinrent à la vie, et ils régnèrent avec Christ pendant mille ans. (...) Heureux et saints ceux qui ont part à la première résurrection! La seconde mort n'a point de pouvoir sur eux; mais ils seront sacrificateurs de Dieu et de Christ, et ils régneront avec lui pendant mille ans. — *Apocalypse 20:4, 6*.

Il est dit des méchants, les réprouvés :

> Les autres morts ne revinrent point à la vie jusqu'à ce que les mille ans fussent accomplis. C'est la première résurrection. — *Apocalypse 20:5.*

Donc, leur comparution devant le tribunal de Dieu se fera à ce moment-là, à la fin des milles ans.

Les justes, eux, auront reçu leur récompense, la vie éternelle pour toujours en présence du « Seigneur de gloire », pour avoir obéi, par leur foi, à Dieu, et pour avoir suivi le Christ et Ses enseignements jusqu'à la fin. Ils seront vainqueurs avec leur Sauveur.

> Au jour du jugement, les péchés dont on ne s'est pas repenti, et que l'on n'a pas délaissé, ne seront ni pardonnés, ni effacés, et s'élèveront en témoignage contre les transgressions. — Ellen G. White.

Il ressort que chacun doit se préparer au Jugement. Dieu ne pardonnera à personne de l'avoir ignoré. Beaucoup pensent que tout se fera comme ils se l'imaginent, comme ils le veulent. Ils pensent que Dieu les acceptera tels qu'ils sont. Il est évident que, lorsqu'on ne s'intéresse pas à ce que le Seigneur demande, tout peut être imaginé. Mais on oublie que Dieu est un Dieu d'ordre et de justice, et que tout être humain lui doit obéissance. N'oublions pas que Dieu est bon, mais juste.

Satan « aide » beaucoup de gens à ne pas s'interroger sur les points essentiels. L'ennemi leur fait croire que tout se fera comme eux se l'imaginent, et que Dieu pardonnera tout, même sans confession. Ainsi, ces gens-là font comme s'il n'y aura pas de fin du monde alors qu'elle est signalée tout au long des Écritures et par Jésus lui-même. Ils font comme si le jugement, auquel ils ne pensent même pas, n'existera pas. Ils sont convaincus qu'ils ont raison de ne pas approfondir ces choses-là.

S'ils y croient à la fin du monde, ils préfèrent voir cette « fin » dans un lointain avenir, puisque certains savants voient les hommes vivre encore au-delà de cinq cent millions d'années et plus. En tout cas, ils s'expriment ainsi par la télévision et par leurs ouvrages, alors que Jésus dit de veiller et de prier car la fin du monde peut nous surprendre.

Les grands événements qui sont décrits dans la Parole de Dieu, qui concernent notre terre et tous les peuples, sont vus par les incrédules et les insouciants comme du domaine de l'imaginaire. Dans certaines confessions religieuses, on nous dit : « Les défunts vont directement au ciel, alors pourquoi se tracasser ? ».

L'apôtre Paul écrit dans *2 Timothée 4:3-5* :

> Car il viendra un temps où les hommes ne supporteront pas la saine doctrine; mais, ayant la démangeaison d'entendre des choses agréables, ils se donneront une foule de docteurs selon leurs propres désirs, détourneront l'oreille de la vérité, et se tourneront vers les fables.

Le Christ – qui est le Roi et le Juge suprême – juge les méchants et les anges déchus, avec les élus qui y seront présents :

> Ne savez-vous pas que les saints jugeront le monde? Et si c'est par vous que le monde est jugé, êtes-vous indignes de rendre les moindres jugements? Ne savez-vous pas que nous jugerons les anges? Et nous ne jugerions pas, à plus forte raison, les choses de cette vie? — *1 Corinthiens 6:2-3*.

> Vous, vous êtes ceux qui avez persévéré avec moi dans mes épreuves; c'est pourquoi je dispose du royaume en votre faveur, comme mon Père en a disposé en ma faveur, afin que vous mangiez et buviez à ma table dans mon royaume, et que vous

> soyez assis sur des trônes, pour juger les douze tribus d'Israël. — *Luc 22:30*.

La culpabilité sera jugée et déterminée par les paroles, les pensées et les actes. — *Jean 9:39,41 ; 15:24* et *Matthieu 23:35,36*.

Si à la première phase l'enquête est dirigée par Dieu le Père, la seconde l'est par Dieu le Fils.

> Car il nous faut tous comparaître devant le tribunal de Christ, afin que chacun reçoive selon le bien ou le mal qu'il aura fait, étant dans son corps. — *2 Corinthiens 5:10*.

Il ne faut pas oublier que c'est le Christ qui subit les outrages, la méchanceté et la cruauté des hommes.

À la première phase, il y aura une enquête préliminaire. Les anges prennent une grande part. À la seconde phase, les élus eux-mêmes y prennent part. — *Matthieu 16:27 ; Daniel 7:10*.

> Nous avons tous à comparaître devant un Dieu bon et juste, qui nous jugera selon une règle immuable, la loi divine, les *Dix Commandements*. Pour sortir victorieux d'une épreuve aussi redoutable, nous devons être vigilants, croire en Dieu, nous emparer des mérites que le Christ nous a acquis sur la Croix, confesser chacun de nos péchés, implorer le pardon du Seigneur et observer scrupuleusement les *commandements* », écrit Charles Gerber dans son ouvrage *Les sentiers de la foi*.

Dieu jugera ceux qui ne font aucun effort pour connaître les « vérités essentielles », ou ceux qui veulent les ignorer. Dieu veut leur parler à travers tout ce qui les entoure, les appelant à la réflexion.

En route vers le ciel

Chapitre 14

Les bons anges

Les anges de Dieu sont les gardiens des disciples du Christ, ceux qui hériteront du ciel, les vrais croyants. Les élus sont sous leur protection ; ils se déplacent à une vitesse telle, que l'apôtre Paul compare leur vitesse à celle de la foudre. — *Apocalypse 14:1-5*.

> Chaque disciple du Christ peut compter sur leur aide totale. — Ellen G. White, dans *Conquérants Pacifiques*, chapitre 15, page 136.

> Ces glorieuses armées invisibles sont envoyées sur terre pour exercer un ministère auprès de ceux qui hériteront du salut. — Ellen G. White, *op. cit*.

Dans *Psaumes 91:6,* il est dit que « Dieu envoie Ses anges pour délivrer Ses élus de la calamité, pour les préserver de la peste qui marche dans les ténèbres, de la contagion qui frappe en plein midi ». Dans *Psaumes 34:8*, il est dit aussi que « l'ange de l'Éternel campe autour de ceux qui le craignent et Il les arrache au danger ».

Sous l'autorité de Dieu, les anges sont tout-puissants. Ces anges puissants ont accès auprès de Dieu. Un seul ange exterminateur fit périr tous les premiers-nés des Égyptiens et remplit le pays de gémissements. Sur l'ordre de Dieu, les anges firent battre en retraite une armée assyrienne de cent-quatre-vingt-cinq mille hommes.

Les anges peuvent prendre apparence humaine. Cela nous est démontré tout au long des Écritures. Ils peuvent ainsi apparaître aussi selon les besoins, en soldats guerriers, en défenseurs, en sauveteurs, soit en simples êtres humains. Jésus déclare que « les anges viendront à la fin du monde séparer les méchants d'avec les justes, et les jetteront dans la fournaise ardente, où il y aura des pleurs et des grincements de dents ». — *Matthieu 13:41,42,49*. Les paroles du Christ sont certaines et véritables. Sur l'ordre de Dieu, les anges mauvais auront également un pouvoir destructeur, lorsque Dieu le leur permettra.

> Il existe des forces déjà prêtes, qui n'attendent que la permission divine pour répandre partout la désolation. — Ellen G. White, dans *Conquérants Pacifiques*, chapitre 15, page 136.

Les bons anges s'emploient à réconforter les affligés ; ils protègent même les impénitents et s'emploient à gagner le cœur des hommes de bonne volonté au Christ. Leur action s'étend dans de larges domaines.

Même si les anges protègent aussi les impénitents, ce n'est pas pour autant que ces impénitents hériteront du ciel, s'ils restent dans leur position et s'ils ne changent pas. Dieu les laissera aller sur le chemin qu'ils ont choisi. Pourtant le Seigneur leur adresse des appels pleins de sollicitude : « Changez et vivez, pourquoi mourriez-vous ? ». On voit bien que si l'on ne change pas, c'est la mort éternelle qui attend les rebelles.

Il est vrai que les impénitents ressentent cette protection. Un père ne protègerait-il pas son enfant, même s'il sait qu'il a pris le chemin qui le perdra ? Les bons anges tiennent les registres du ciel où tous les actes de chaque être humain – qu'ils soient bons ou mauvais – sont notés avec une redoutable précision.

> Dans toute crise, tout conflit, toute calamité, tout cataclysme, ceux que Dieu a choisis, les élus, seront sous la protection d'anges puissants. Ils seront à l'abri des moyens destructeurs employés par Satan et par ses anges. — Ellen G. White, dans *Messages choisis*, vol. 2, chapitre 5, page 59.

Les anges ne peuvent se montrer à l'homme sans que celui-ci soit fortement éprouvé au point de tomber comme mort. Ils prennent aussi des formes humaines, s'il le faut. Dans les Écritures, nous en trouvons plusieurs exemples : un ange du Seigneur descendit du ciel et vint rouler la pierre du tombeau du Christ. À ce moment-là, il y eut un grand tremblement de terre. L'aspect de l'ange était comme l'éclair, et les gardes tremblèrent de peur et devinrent comme morts.

Les anges de Dieu viendront chercher les jeunes enfants, morts martyrs, orphelins, victimes, qui ressusciteront le jour de la résurrection des morts (la première résurrection) à l'âge qu'ils avaient le jour de leur décès. Ils seront recueillis par les anges qui les garderont dans le royaume de Dieu où ils finiront de grandir.

En route vers le ciel

Chapitre 15

La prière

La prière devrait être notre pain quotidien, c'est-à-dire, l'instant quotidien de se mettre en relation avec notre Créateur.

Dans la prière de « Notre Père », Jésus dit de prier ainsi : « Notre Père qui es aux cieux, donne-nous aujourd'hui notre pain quotidien, et que ton règne vienne ».

Prier c'est d'abord s'adresser à Dieu dans un esprit d'adoration et d'humilité. Prier, c'est reconnaître ses fautes, les confesser devant Dieu, implorer son pardon au nom de Jésus qui est mort sur la croix pour nous sauver, observer scrupuleusement les commandements, se détourner de ses mauvais penchants.

La seule prière qui est acceptée de Dieu n'est pas une sorte de répétition stérile. Une prière peut être formulée avec larmes et sincérité, sans être une vraie prière. La prière ne doit pas être une sorte de potion magique avec laquelle on peut jongler, selon son bon plaisir et son bon vouloir sur ses besoins et ses désirs.

Jacques 4:3 dit : « Vous demandez et ne recevez pas parce que vos demandes ne visent à rien de mieux que de dépenser pour vos plaisirs ». Rien ne s'obtient du Seigneur et du Christ sans une complète obéissance qui est le signe de la vraie foi. Même si nos prières sont ferventes et sincères, il faut avoir la ferme résolution d'écouter ce que Dieu nous demande.

Quand Jésus a pardonné le péché de la femme adultère, il lui dit : « Femme, où sont ceux qui t'accusaient? Personne ne t'a-t-il condamnée? » Elle répondit: « Non, Seigneur ». Et Jésus lui dit: « Je ne te condamne pas non plus: va, et ne pèche plus ». — voir

Jean 8:10-11. Jésus lui demande avec douceur de ne plus pécher. Si la femme adultère prend la ferme résolution d'écouter ce que lui dit le Christ, elle pourra être assurée de son secours.

Dans *Ésaïe 48:18*, Dieu dit : « Oh! si tu étais attentif à mes commandements! Ton bien-être serait comme un fleuve, et ton bonheur comme les flots de la mer ». Donc si l'on n'observe pas les commandements, si l'on n'est pas attentif à ce que Dieu nous demande, il ne peut y avoir ni de vrai bonheur, ni d'exaucements, à nos prières.

Le Seigneur n'a pas égard à la prière de celui qui garde l'iniquité dans son cœur, dit la Bible. Dans *Ésaïe 59:2*, il est dit : « Mais ce sont vos crimes qui mettent une séparation entre vous et votre Dieu; ce sont vos péchés qui vous cachent sa face et l'empêchent de vous écouter ». Le roi Salomon va jusqu'à dire dans *Proverbes 28:9* : « Si quelqu'un détourne l'oreille pour ne pas écouter la loi, sa prière même est une abomination ». *Ésaïe 1:15* dit aussi : « Quand vous étendez vos mains, je détourne de vous mes yeux; quand vous multipliez les prières, je n'écoute pas ».

Toute prière doit être formulée au nom de Jésus, car tout passe par lui. Les prières des saints élus sont soigneusement conservées dans le sanctuaire céleste. Elles s'y accumulent. Les péchés des impies sont aussi accumulés pour leur jugement.

La prière peut se faire aussi par la pensée ; elle est tout aussi valable que les paroles. Dieu sait ce que nous pensons et il lit dans les cœurs. Même s'il n'y a pas de paroles, cela reste aussi clair pour lui.

Quand on ne comprend pas les Écritures, on est dans la confusion. Ainsi, certains arrivent à en tordre le sens et à interpréter la Bible à leur manière, ce qu'est une abomination devant le Seigneur. Seul le Saint Esprit aide à la compréhension des textes sacrés ; c'est lui qui éclaire le vrai croyant, celui qui recherche Dieu et Ses vérités de tout son cœur.

> Louer Dieu de tout son cœur, et en toute sincérité a autant d'importance que la prière. — Ellen G. White, dans *Service Chrétien effectif*, chapitre 22, page 259.

Même si l'on demande quelque chose qui paraît légitime, il faut le faire avec les conditions demandées. Sans l'obéissance, toute prière et tout culte adressés à Dieu sont vains.

En route vers le ciel

Chapitre 16

L'apostasie : le déclin religieux, et le rejet de Dieu et de Ses lois.

Jésus annonce l'apostasie qui existera juste avant Son retour. En attirant l'attention de Ses disciples sur les signes de Son retour, le Sauveur leur avait annoncé une apostasie générale devant précéder ce grand évènement :

> Ce qui arriva du temps de Noé arrivera de même aux jours du Fils de l'homme. Les hommes mangeaient, buvaient, se mariaient et mariaient leurs enfants, jusqu'au jour où Noé entra dans l'arche ; le déluge vint, et les fit tous périr. — Luc 17:26-27.

Il est certain qu'il y a une vie à venir et qu'il faut s'y préparer. La Parole de Dieu annonce qu'avant le retour du Christ, on verra un déclin religieux.

Dans son épître aux Thessaloniciens, l'apôtre Paul prédit une profonde altération de la piété, et déclare que le Seigneur ne reviendra pas avant que cette apostasie soit arrivée. De nos jours, on peut se demander où sont ceux qui se préoccupent vraiment du retour en gloire du Seigneur Jésus et de la vie à venir, vie qui sera donnée à ceux qui s'y sont préparés, à ceux qui attendent, dans la prière et dans la patience, le retour du Roi des rois.

> Sache que, dans les derniers jours, il y aura des temps difficiles. Car les hommes seront égoïstes, amis de l'argent, fanfarons, hautains, blasphémateurs, rebelles à leurs parents, ingrats, irréligieux, insensibles, déloyaux, calomniateurs, intempérants, cruels, ennemis des gens de bien,

traîtres, emportés, enflés d'orgueil, aimant le plaisir plus que Dieu, ayant l'apparence de la piété, mais reniant ce qui en fait la force.- voir *2 Timothée 3:1-8*.

Mais l'Esprit dit expressément que, dans les derniers temps, quelques-uns abandonneront la foi, pour s'attacher à des esprits séducteurs et à des doctrines de démons. — *1 Timothée 4:1*

Notre époque se distingue par une incrédulité religieuse massive et du retour au paganisme. — Charles Gerber.

Le Christ qui avait prédit cet état de chose dit : « Quand le Fils de l'homme viendra, trouvera-t-Il la foi sur la terre » — *Luc 18:8*. Le texte parle de la vraie foi, ici. Il faut savoir qu'aujourd'hui en France, il y a 63% de personnes qui ne croient pas en Dieu, et ce chiffre ne cesse d'augmenter.

Pour ceux qui disent croire en Dieu, s'ils ne font pas Sa volonté, s'ils vont contre Ses lois et ne font que ce qui leur plaît sans L'écouter, risquent de ne pas être acceptés par Sa loi et Sa justice. La première condition pour se dire « croyant » commence par l'obéissance, par l'écoute des commandements de Dieu et par ce qui doit être mis en œuvre et suivi impérativement.

Écoutez plutôt ce qui est écrit dans *Jacques 2:19* : « Tu crois qu'il y a un seul Dieu, tu fais bien ; les démons le croient aussi et ils tremblent ». L'apôtre fait la comparaison de foi qu'ont certains croyants avec la foi des démons, qui reconnaissent le Dieu Créateur et Tout-Puissant, mais ne l'aiment, et ne lui obéissent point. Ils aiment ce qui est mal : les plaisirs et les nombreux loisirs de ce monde. Si Satan et les démons tremblent, c'est parce qu'ils savent ce qui les attend.

Ces paroles de Jésus font écho à la lettre envoyée à l'église de Laodicée par Jean de la part de Jésus dans *Apocalypse 3 : 15-16*.

Dans cette lettre, le Christ dit aux croyants qui aiment les plaisirs plus que Dieu : « Puisses-tu être froid ou bouillant ! Ainsi, parce que tu es tiède, et que tu n'es ni froid ni bouillant, je te vomirai de ma bouche ». Ici, le Christ n'y va pas par quatre chemins.

Le vrai croyant, qui est reconnu par Dieu, remplit toutes les conditions demandées. Parce qu'une simple croyance ne saurait suffire pour avoir accès à la vie éternelle. Tout comme un diplôme, il faut y travailler pour l'obtenir. N'oublions pas ce que le Christ a dit : « Il y a beaucoup d'appelés, mais peu d'élus ».

Dans ce chapitre, on sent la volonté profonde du Christ de toucher le tréfonds du cœur de l'homme avec tout Son amour. Or l'avertissement très fort du Christ dans *Apocalypse 3:15-16* montre la peine du Sauveur, de voir tant de personnes qui se disent croyantes et qui pourtant ne font que ce qu'elles veulent sans penser à Dieu et à la vie à venir. Elles négligent les choses de Dieu, ce qui mène directement à l'apostasie et au rejet de Ses lois.

Pensons à la peine infligée au Sauveur de voir toute la tiédeur, l'indifférence, l'apostasie de beaucoup qui sont dans le monde. Lui, qui a tant souffert lors de Son calvaire, face à Ses bourreaux qui l'entouraient pour le torturer jusqu'à la mort.

Ô Seigneur pourras-tu pardonner aux hommes ? Il y a tant d'indifférence, tant de cruauté envers Celui que tout le ciel glorifie.

« Roi des rois, et Seigneur des seigneurs », c'est la marque que Jésus portera écrite sur Sa cuisse à Son retour en gloire. Cette marque prouvera à la terre entière qu'Il est le Roi des roi et le Seigneur des seigneurs incontesté. Tout œil le verra descendre du ciel sur la terre avec puissance et une grande gloire.

Dans *Apocalypse 1:7*, il est dit : « Voici, Il vient avec les nuées, et tout œil le verra ». C'est à ce moment que le Christ apparaîtra aux yeux de tous, non pas en homme de douleur, mais en vainqueur.

En route vers le ciel

Chapitre 17

La prophétie

Le Sauveur décrit les conditions dans lesquelles se trouvera le monde avant Son retour : « Vous entendrez parler de guerres et de bruits de guerres: gardez-vous d'être troublés, car il faut que ces choses arrivent. Mais ce ne sera pas encore la fin. Une nation s'élèvera contre une nation, et un royaume contre un royaume, et il y aura, en divers lieux, des famines et des tremblements de terre. » — *Matthieu 24:6,7*.

De tous temps il y a eu des guerres, mais ce qui jure avec les guerres d'aujourd'hui est l'ampleur, la capacité de destruction des armes modernes. Aujourd'hui, combien de territoires sont-ils en conflit ou en guerre carrément ? Combien de populations sont-elles confrontées aux horreurs des famines et des tremblements de terre ? Le tableau est sans doute noir, mais c'est le Christ qui le brosse.

Ce qui jure aussi avec notre époque, c'est la violence des cataclysmes qui se succèdent ; ce qui jure avec notre époque, c'est encore la nature déstabilisée, polluée, par la manipulation des énergies et des inventions qui produisent des émanations dangereuses pour tous les êtres vivants.

Il faut dire que dans le XXème siècle toutes ces choses effrayantes étaient réunies et se poursuivent. On peut se rendre compte que les prédictions du Sauveur s'avèrent bien réelles. Tout ce qu'Il a prédit se déroule sous nos yeux.

Il est certain que ceux qui ne semblent guère troublés par ces choses ne reconnaîtront pas en elles des signes annoncés par Jésus. Pourtant, tout au long des Écritures, le grand jour de Dieu, le jugement et le retour en gloire du Christ sont annoncés, mais qu'importe, pourvu qu'on puisse profiter des plaisirs de ce monde.

Dieu et ce qu'Il dit n'intéressent pas les gens dans cette vie actuelle où tout tourne autour des inventions nouvelles autant que pour les distractions et les loisirs de la vie moderne où ils se sont enracinés et où ils font ce qu'ils veulent. La simultanéité et l'accélération des événements dans tous les domaines prédits par les prophéties ne laissent aucun doute sur la certitude des prédictions annoncées. Pourtant, malgré ce qui saute aux yeux, l'homme moderne se veut rassurant et voit l'avenir comme si de rien n'était. On a même l'impression que personne ne se rend compte de rien.

Mais le Sauveur n'y va pas par quatre chemins. Il dit : « De même, quand vous verrez toutes ces choses, sachez que le Fils de l'homme est proche, à la porte ». — *Matthieu 24 : 33*. Quand à ceux qui disent que le livre de l'Apocalypse est un mystère incompréhensible, leur affirmation est contredite par le titre du livre lui-même.

Le début du livre de l'Apocalypse commence ainsi : « Révélation de Jésus-Christ, que Dieu lui a donnée pour montrer à Ses serviteurs les choses qui doivent arriver bientôt » — *Apocalypse 1:1*. Il est dit : « Heureux celui qui lit et ceux qui entendent les paroles de la prophétie, et qui gardent les choses qui y sont écrites! Car le temps est proche ». — *Apocalypse 1:3*. À qui ces prophéties sont-elles données, si ce n'est qu'à tous les habitants de la terre ?

- Prophéties = prédictions
- Apocalypse = révélations

Une bénédiction spéciale est accordée à ceux qui tiennent compte des prophéties et qui les étudient.

Les écrits de l'Apocalypse attirent l'attention sur les prophéties du prophète Daniel qui s'harmonisent et se complètent. Le diable essaie, par tous les moyens, d'en détourner l'attention. Voir le peu d'intérêt que le grand nombre des gens leur portent prouve bien qu'il y parvient. C'est pourquoi Jésus auteur de cette révélation a prononcé une bénédiction sur ceux qui la lisent, l'entendent, et qui gardent les choses qui y sont écrites.

Dans l'Apocalypse, il est dit plusieurs fois aussi : « Que celui qui a des oreilles pour entendre, entende ». « Heureux celui qui lit ».

> La Parole de Dieu laisse clairement entendre que les hommes choisis par Dieu pour ces études sont tout [spécialement] placés sous la direction de Son Esprit.
> — Ellen G. White, dans *La Tragédie des Siècles*, chapitre 19, page 371.

Le livre de l'Apocalypse déclare « heureux » ceux qui lisent, entendent et gardent les paroles prophétiques. — *Apocalypse 1:3; 22:7.*

Ceux qui ne croient pas sont libres de choisir leur camp. Ils ont choisi de ne pas croire, et auront aussi choisi la mauvaise voie. La Parole de Dieu ne varie pas et le Seigneur accomplira le destin de l'homme et de la planète. Les paroles du Christ sont là. Il affirme : « Le ciel et la terre passeront, mais mes paroles ne passeront point » — *Matthieu 24:35*. Qui peut affirmer de tels propos, si ce n'est le Christ, le Fils du Dieu Tout-Puissant ?

Il est dit dans l'Ancien Testament que l'Éternel ne fait rien sans avoir révélé Son secret à Ses serviteurs les prophètes. Dieu n'a jamais laissé les hommes dans l'ignorance sur les événements qui doivent arriver. Il les avertit toujours par la voix de Ses prophètes. C'est pourquoi on doit s'attacher aux prophéties et c'est pourquoi la Parole de Dieu est une nécessité pour tout homme. C'est en sondant les Écritures pour y chercher les vérités avec piété, sincérité et une vraie foi que l'on reçoit la lumière de leur compréhension.

Au sujet des prophéties pour les temps de la fin, il est dit dans *Daniel 12:10* : « Aucun des méchants ne comprendra, mais ceux qui auront de l'intelligence comprendront ». Dans *2 Pierre 1:19*, on peut lire : « Et nous tenons pour d'autant plus certaine la parole prophétique, à laquelle vous faites bien de prêter attention, comme à une lampe qui brille dans un lieu obscur ». Dans *Daniel 12:3*, il est dit aussi : « Ceux qui auront été intelligents brilleront comme la splendeur du ciel, et ceux qui auront enseigné la justice, à la multitude brilleront comme les étoiles, à toujours et à perpétuité ». — *Daniel 12:3*. Le témoignage de Jésus est l'Esprit de la prophétie.

Chapitre 18

La mort, la résurrection, la mort éternelle

La mort est la conséquence du péché. Dieu affirme que la conséquence du péché est la souffrance et la mort.

L'homme n'a pas été créé pour qu'il meure, mais pour une vie sans fin, comme les anges et les habitants des autres mondes. Mais voilà, nos premiers parents Adam et Ève ont péché en transgressant l'ordre de Dieu et en mangeant du fruit de l'arbre que Dieu leur avait défendu (« L'Éternel Dieu donna cet ordre à l'homme: "Tu pourras manger de tous les arbres du jardin; mais tu ne mangeras pas de l'arbre de la connaissance du bien et du mal, car le jour où tu en mangeras, tu mourras". » — *Genèse 2 : 16,17.*) Ils ont donc péché en désobéissant à leur Créateur. Ils se sont ainsi souillés, ont dès lors perdu leur innocence et sont privés de la gloire de Dieu.

Cette souillure a atteint, par le péché, leur descendance, et c'est ainsi que le mal est entré dans le monde avec ses ravages, son cortège de larmes et, pour finir, la mort. Le crime de Caïn tuant son frère Abel dès le commencement en est un exemple. C'est cette gangrène qu'est le péché qui tue l'homme.

Quand Dieu forma le corps d'Adam, Il insuffla dans son corps un souffle de vie, et Adam devint une âme vivante. Quand l'homme expire, tout en lui s'éteint. Le souffle de vie retourne à Dieu qui l'a donné. — voir *Ecclésiaste 12:9*. Ce souffle de vie (= la vie) qui fait vivre l'homme, et qui retourne à Dieu, est conservé par Dieu. Il lui sera redonné à la résurrection.

Pour Dieu, l'homme n'est pas mort, car sa personnalité et sa vie demeurent encore dans la pensée de notre Créateur. Mais le corps de l'homme, lui, est complètement éteint. N'ayant plus la vie, il se dissout et tombe en poussière. Il ne sent plus rien. Il ne sait plus rien de ce qui se passe autour de lui. Sa vie est entre les mains de celui qui l'a créé.

Jésus n'a-t-Il pas dit lors de Sa crucifixion, avant d'expirer : « Père, je remets mon esprit entre tes mains ? » — *Luc 23:46*. Le Christ est ressuscité le troisième jour après Sa mort, comme Il l'avait affirmé à Ses apôtres. Le corps pur et sans taches du Christ ne pouvait être retenu par la mort et la corruption.

En ce qui concerne la mort de l'homme, le livre de l'*Apocalypse 20:6* parle de la première résurrection et de la seconde mort. Cette dernière sera définitive et concerne les réprouvés, les méchants. Il est dit que ceux qui subiront cette seconde mort, Dieu ne leur laissera « ni racines, ni rameau ». — *Malachie 4:1, 2*. Donc, plus de vie possible, plus de résurrection après elle.

La première mort, par laquelle passent tous les êtres humains (à part les justes encore vivant au retour du Seigneur Jésus et que le Seigneur prendra avec lui pour toujours), *n'est pas la vraie mort*. Elle est comparée par Jésus à un sommeil, puisqu'elle sera suivie d'un réveil.

La seconde mort est la vraie mort. — *Apocalypse 20:6,14,15*. Elle n'atteindra que les méchants après leur jugement ; elle n'aura aucun pouvoir sur les justes qui hériteront la vie éternelle.

La première résurrection au retour du Christ concerne les justes décédés qui seront ressuscités et enlevés par Jésus avec les justes encore vivants. Quant aux méchants qui seront encore vivants lorsque le Christ apparaîtra sur les nuées du ciel, ils seront foudroyés par l'éclat de Sa gloire. Ils ressusciteront eux aussi avec les autres réprouvés déjà décédés, mais mille ans plus tard pour leur jugement. L'Apocalypse dit à ce sujet : « Les autres morts ne revinrent point à la vie jusqu'à ce que les mille ans fussent accomplis ». — *Apocalypse 20:5*. Les « mille ans » sont le temps où le cas des méchants est jugé et fixé ; ils recevront leur condamnation quand ils reviendront à la vie, après ces mille ans, et sauront pourquoi ils sont condamnés.

À la seconde mort, les méchants seront ressuscités, jugés et condamnés. Cette mort sera définitive et éternelle. Ce ne sera pas seulement la destruction du corps, mais aussi la destruction de la personnalité de la vie même qui sera effacée de la mémoire de Dieu. C'est la mort dont on ne revient plus puisqu'il est dit que Dieu ne leur laissera « ni racine, ni rameau ». Il est écrit dans l'*Apocalypse 20:6* : « Heureux et saints ceux qui ont part à la première résurrection! La seconde mort n'a point de pouvoir sur eux; mais ils seront sacrificateurs de Dieu et de Christ, et ils régneront avec lui pendant mille ans ». Les termes de l'Apocalypse se révèlent encore plus directs au sujet de la seconde mort. L'apôtre Jean écrit : « Et je vis les morts, les grands et les petits, qui se tenaient devant le trône. Des livres furent ouverts. Et un autre livre fut ouvert, celui qui est le livre de vie. Et les morts furent jugés selon leurs œuvres, d'après ce qui était écrit dans ces livres. La mer rendit les morts qui étaient en elle, la mort et le séjour des morts rendirent les morts qui étaient en eux; et chacun fut jugé selon ses œuvres. Et la mort et le séjour des morts furent jetés dans l'étang de feu. C'est la seconde mort, l'étang de feu. Quiconque ne fut pas trouvé écrit dans le livre de vie fut jeté dans l'étang de feu ». — *Apocalypse 20:12-15*.

C'est par bonté que Dieu nous avertit afin de nous préparer à Son jugement. Tout au long de la Bible, Dieu nous donne des avertissements et le temps de nous préparer : « Prépare-toi à la rencontre de ton Dieu, Ô Israël! » — *Amos 4:12*. Même ceux qui ne veulent pas écouter auront, bon gré mal gré, à affronter le jugement du Tout-Puissant et de l'Agneau immolé, le Christ. Mais, Dieu aura tout fait pour sauver le pécheur et le rebelle à Ses lois. Les coupes de la colère divine sont pleines et se déversent sur la terre. C'est pourquoi la sentence de la justice appliquée sera à la hauteur des délits commis. Mais ceux qui se comportent comme Dieu le demande scrupuleusement n'ont rien à craindre. Si le livre de l'Apocalypse emploie des termes aussi directs, c'est justement parce que Dieu souhaite réveiller les gens pour qu'ils prennent conscience qu'avec lui, il n'y a pas deux poids deux mesures.

Mais il y a deux camps. D'un côté, il y a les justes qui marchent avec le Christ et qui sont fidèles aux ordonnances et aux commandements du Seigneur Dieu ; de l'autre, sont les rebelles aux lois divines, ceux qui aiment les plaisirs de ce monde plus que Dieu ; ceux-là ne pensent aucunement à la vie à venir, ni ne s'y seront pas préparés.

Notre corps qui a été créé par Dieu, mais souillé par le péché, meurt et se réduit en poussière. Le Seigneur donnera aux siens un corps glorifié, transformé et incorruptible, car ils auront reçu l'immortalité. Dieu garde notre personnalité et notre vie en sommeil.

L'homme sait et sent qu'il n'est pas fait pour mourir ; il fuit l'idée de la mort qui l'épouvante. Il essaie de l'oublier. Il y a une profonde contradiction entre le désir de vivre toujours et la mort qui tue la vie. Il est écrit : « Dieu fait toute chose bonne en son temps; même il a mis dans leur cœur la pensée de l'éternité, bien que l'homme ne puisse pas saisir l'œuvre que Dieu fait, du commencement jusqu'à la fin. » — *Ecclésiaste 3:11*. L'être créé par Dieu met souvent *sa* vie en premier lieu. L'homme a été créé pour vivre éternellement en obéissant à son Créateur ; il ressent cette sensation d'éternité. La vie projette et imprègne sur l'être humain un bonheur inouï. Dans le tréfonds de sa vie, transparaît toujours l'image de son Créateur, image qui fut altérée par le péché et rétablie chez le vrai croyant.

L'homme doit regarder plus haut que là où l'ont enfermé la vie moderne et ses inventions nouvelles. Aussi, Satan se sert-il des loisirs et des distractions multiples pour éloigner l'homme de Dieu.

Il faut que l'homme sache quelle sera sa destinée future, qu'il connaisse les grandes vérités données par Dieu lui-même dans la Bible. Car le grand espoir, et c'est là que le vrai croyant doit s'appuyer, est la vie éternelle (le don gratuit de Dieu) qui fut donnée par le sacrifice du Christ afin de nous racheter.

La Parole de Dieu – qui est la seule feuille de route – donne les précisions nécessaires pour avoir droit à cet héritage qui ne sera attribué qu'à celui qui s'y sera préparé.

Il ne faut pas oublier les paroles de Jésus : « Il y a beaucoup d'appelés, mais peu d'élus ». Lorsque Dieu fait venir le déluge sur la terre, seuls Noé et sa famille (ils étaient au nombre de huit) ont été sauvés. Tous les habitants de la planète ont été noyés.

Au retour du Christ en gloire, les élus qui sont encore vivants, et les élus qui dorment dans leur sépulcre (et qui à l'appel de leur maître ressusciteront) seront enlevés tous ensembles dans les airs à la rencontre de leur Sauveur. Ils seront avec lui pour toujours : « afin que là où je suis, ils y soient aussi », dit Jésus, en s'adressant à Son Père. Voici ce qui est écrit dans le livre du prophète Daniel : « En ce temps-là se lèvera Michaël, le grand chef, le défenseur des enfants de ton peuple; et ce sera une époque de détresse, telle qu'il n'y en a point eu de semblable depuis que les nations existent jusqu'à cette époque. En ce temps-là, *ceux de ton peuple qui seront trouvés inscrits dans le livre* seront sauvés. Plusieurs de ceux qui dorment dans la poussière de la terre se réveilleront, les uns pour la vie éternelle, et les autres pour l'opprobre, pour la honte éternelle. *Ceux qui auront été intelligents* brilleront comme la splendeur du ciel, et *ceux qui auront enseigné la justice,* à la multitude brilleront comme les étoiles, à toujours et à perpétuité. » — *Daniel 12:1-3*. Ce paragraphe rejoint ce que dit le livre de l'Apocalypse en ce qui concerne la mort, la résurrection et ceux qui hériteront du ciel.

Ces paroles furent adressées au prophète Daniel : « Toi, Daniel, tiens secrètes ces paroles, et scelle le livre jusqu'au temps de la fin. Plusieurs alors le liront, et la connaissance augmentera. » — *Daniel 12:4*. Le temps est arrivé et le livre de Daniel a été descellé par ceux qui lui sont restés fidèles et qui étudient les prophéties, c'est-à-dire, ceux qui ont reçu la lumière par l'Esprit de Dieu.

Voilà des enseignements qui nous aideront à comprendre ce que nous donne la Parole de Dieu sur de si importants sujets.

Il en ressort que l'on peut vivre tranquille sur cette terre, se croire avoir part au royaume de Dieu, alors que l'on peut en être exclu. La Bible est parfaitement claire là-dessus.

Si Dieu a mis les Saintes Écritures à notre disposition, c'est bien pour que nous les étudiions et les comprenions. Hélas, il y en a peu qui font vraiment ce que Dieu demande. C'est pourquoi il y a tant d'ignorance sur les choses capitales que l'on doit savoir surtout quand on possède le livre de Dieu ou que l'on peut se le procurer.

Si Dieu donne le choix à l'homme de vivre ou de mourir éternellement, c'est bien parce qu'il appartient à chacun de choisir. Mais il y a des conditions pour entrer dans le royaume de Dieu, même s'il offre le salut gratuitement.

Le Paradis n'est pas un fourre-tout où les bons et les rebelles entreront pêle-mêle. Celui qui croit cela ne connaît pas le Seigneur, ni Sa justice. Si ces personnes choisissent de ne faire que leur volonté en ignorant la volonté du Très-Haut, elles auront aussi fait le choix de passer par la porte qui est « grande ouverte » et qui mène à la perdition. On ne se moque pas du Seigneur et on ne le rabaisse pas à son bon vouloir.

À ce propos, Dieu dit dans l'Ancien Testament : « Pourquoi mouriez-vous ? Changez et vivez ». Il dit aussi : « Voici je mets devant toi la vie et la mort, choisis la vie afin que tu vives ». Dieu parle bien sûr de la vie et de la mort éternelles. Les personnes qui ne s'intéressent pas à ce que dit le Seigneur peuvent toujours s'illusionner en se fiant à leur propre justice et leurs propres idées. Mais, l'apôtre Paul affirme que Dieu a arrêté un jour où il jugera le monde (l'apôtre ne fait que rapporter ce que l'Esprit de Dieu lui donne à entendre).

> La mort est un sommeil précédant soit la première résurrection qui introduit le juste dans la félicité éternelle, soit la seconde résurrection qui livre le méchant à l'exécution de la sentence prononcée sur lui — Charles Gerber, *Les sentiers de la foi*, p. 236.

Il est dit que « celui qui vaincra n'aura pas à souffrir la seconde mort. » — *Apocalypse 2:11*. Jésus a dit : « Or, la volonté de celui qui m'a envoyé, c'est que je ne perde rien de tout ce qu'il m'a donné, mais que je le ressuscite au dernier jour. La volonté de mon Père, c'est que quiconque voit le Fils et croit en lui ait la vie éternelle; et je le ressusciterai au dernier jour ». — *Jean 6:39,40*. Or, voir et croire au Fils de Dieu, c'est mettre en pratique Ses enseignements. Il poursuit : « Ne vous étonnez pas de cela; car l'heure vient où tous ceux qui sont dans les sépulcres entendront Sa voix, et en sortiront. Ceux qui auront fait le bien ressusciteront pour la vie, mais ceux qui auront fait le mal ressusciteront pour le jugement. » — *Jean 5:28,29*.

> La première résurrection, celle des justes, n'est réservée qu'aux vrais croyants. — *1 Thessaloniciens 4:16*. La seconde, celle des méchants, est un simple retour à la vie qui permet à Dieu de les confondre, et de leur appliquer le verdict du jugement, c'est-à-dire la destruction totale et définitive. — Charles Gerber.

C'est ce qui ressort des Saintes Écritures. Les méchants sont aussi les faux croyants, les faux chrétiens, les tièdes, ceux qui ne sont pas sûrs, ceux qui disent avoir la foi, mais ne font rien de ce que le Seigneur demande.

L'*immortalité* est un don de Dieu, un privilège accordé aux justes. Cette vie immortelle est dans Son Fils, c'est par la foi, la persévérance et les actes que l'on peut s'en saisir.

À la *mort*, le corps tombe en poussière, l'esprit retourne à Dieu qui l'a donné (*Ecclésiaste 12:9*), et l'âme n'est plus du fait même de la séparation de l'esprit et du corps.

Tout est bien défini. Il n'y a rien de ce qui faisait partie de l'homme qui erre au hasard. Ce qu'on peut dire c'est que Jésus ne laissera pas dans la tombe ceux qui se sont accrochés à lui et qui lui ont fait une complète confiance. En gardant Ses enseignements et Ses vérités, ils auront part à la première résurrection, celle des justes.

Les *vrais chrétiens* : tous ceux qui ont fait du royaume du Christ leur préoccupation dominante sont rattachés au monde supérieur.

Il ne leur manque aucune bénédiction nécessaire à la vie ; même « les cheveux de leur tête sont comptés ».

Dieu dit à Son juste : « celui qui te touche, touche à la prunelle de mes yeux ».

> On n'est pas automatiquement chrétien parce qu'on se dit chrétien. Dieu saura distinguer le vrai chrétien et le faux chrétien. Le vrai disciple du Christ doit être serviteur de Dieu et lui obéir. Les faux chrétiens sont plus dangereux que les incrédules, car ils faussent et donnent une idée de Dieu faussée. — Ellen G. White, dans *Conquérants Pacifiques*, chapitre 36, p. 341.

> Être chrétien signifie bien plus que fréquenter une église, prononcer des prières, où pratiquer des

> sacrements. — Jacques Doukan, *Le soupir de la Terre*.

> Dans toutes les églises se trouvent des croyants sincères qui cherchent Dieu. Dieu agréé leur sincérité, même s'ils n'ont pas une connaissance approfondie des Écritures et s'ils n'ont que les enseignements qu'on leur a donnés. — Ellen G. White, dans *Éducation*, « Un Dieu vivant, le 11 octobre », page 265.

Dieu se chargera de conduire ces croyants sur le chemin de la vérité, s'ils le recherchent vraiment du plus profond de leur cœur.

> C'est parce que le christianisme a pris une nouvelle figure, c'est-à-dire un christianisme qui permet toutes sortes de libertés, contraire aux lois de Dieu qu'il est si bien accepté aujourd'hui et qu'une grande majorité se dit chrétiens, mais parce que le Christ dénonce leurs péchés à la lumière des Évangiles, il ne resterait bien peu de vrais chrétiens. — Ellen G. White, *op. cit.*

D'autant plus, l'apôtre Paul dit que ces chrétiens n'écoutent que des choses agréables à entendre.

Pour ce qui est de la seconde mort, celle des méchants, il est dit dans *Apocalypse 21:7,8* : « Celui qui vaincra héritera ces choses; je serai son Dieu, et il sera mon fils. Mais pour les lâches, les incrédules, les abominables, les meurtriers, les impudiques, les enchanteurs, les idolâtres, et tous les menteurs, leur part sera dans l'étang ardent de feu et de soufre, ce qui est la seconde mort ». « Ce ne sont pas, en effet, ceux qui écoutent la loi qui sont justes devant Dieu, mais ce sont ceux qui la mettent en pratique qui seront justifiés ». — *Romains 2:13*.

Précisions sur la résurrection des ossements desséchés

Quand Dieu retire à lui l'esprit des êtres vivants, ceux-ci expirent (— *Job 34:14,15 ; Psaumes 104:29,30*). Ils revivent quand ils reçoivent de nouveau le souffle divin. Ézéchiel a vu l'Esprit souffler sur des ossements desséchés, les cadavres revécurent et se dressèrent sur leurs pieds (— Ézéchiel 37:1-10). L'homme ne rentrera donc en possession de la vie consciente qu'au jour de la résurrection. Quand la vie lui échappe, il ne peut que remettre son esprit entre les mains de Dieu, comme Jésus, comme Étienne, assurés que le précieux dépôt sera fidèlement gardé et rendu au jour du Christ. — voir *Psaumes 146:34 ; Luc 8:55 ; 23:46 ; Actes 7:59 ; 1 Pierre 4:6*. Alfred Vaucher, *L'histoire du salut*, p. 90.

Voici dans le texte biblique ce que l'Éternel fit voir à Ézéchiel sur les ossements desséchés d'une armée très nombreuse : « Ainsi parle le Seigneur, l'Éternel, à ces os: "Voici, je vais faire entrer en vous un esprit, et vous vivrez; je vous donnerai des nerfs, je ferai croître sur vous de la chair, je vous couvrirai de peau, je mettrai en vous un esprit, et vous vivrez. Et vous saurez que je suis l'Éternel." Je prophétisai, selon l'ordre que j'avais reçu. Et comme je prophétisais, il y eut un bruit, et voici, il se fit un mouvement, et les os s'approchèrent les uns des autres. Je regardai, et voici, il leur vint des nerfs, la chair crût, et la peau les couvrit par-dessus; mais il n'y avait point en eux d'esprit. Il me dit: "Prophétise, et parle à l'esprit! Prophétise, fils de l'homme, et dis à l'esprit: "Ainsi parle le Seigneur, l'Éternel: "Esprit, viens des quatre vents, souffle sur ces morts, et qu'ils revivent!"" Je prophétisai, selon l'ordre qu'Il m'avait donné. Et l'esprit entra en eux, et ils reprirent vie, et ils se tinrent sur leurs pieds: c'était une armée nombreuse, très nombreuse. Il me dit: "Fils de l'homme, ces os, c'est toute la maison d'Israël." Voici, ils disent: "Nos os sont desséchés, notre espérance est détruite, nous sommes perdus!" Prophétise donc, et dis-leur: "Ainsi parle le Seigneur, l'Éternel: Voici, j'ouvrirai vos sépulcres, je vous ferai sortir de vos sépulcres, ô mon peuple, et je vous ramènerai dans le pays d'Israël. Et vous saurez que je suis l'Éternel, lorsque j'ouvrirai vos sépulcres, et que je vous ferai sortir de vos sépulcres, ô mon peuple! Je mettrai mon esprit en vous, et vous vivrez; je vous rétablirai dans votre pays, et vous saurez que moi, l'Éternel, j'ai parlé et agi, dit l'Éternel." » — *Ézéchiel 37:5-14.*

En route vers le ciel

Chapitre 19

Le pécheur : le temps de grâce

« Tous sont égarés, tous sont pervertis ; Il n'en est aucun qui fasse le bien, pas même un seul ». — *Romains 3:12*. « Car tous ont péché et sont privés de la gloire de Dieu ». — *Romains 3:23*.

> La justice du Christ ne voilera pas un seul péché que l'on a caressé dans son cœur. Un homme peut être considéré par le monde comme intègre tout en transgressant la loi de Dieu, parce qu'on ne le voit commettre aucune mauvaise action. Mais le Seigneur juge aussi les pensées et les sentiments. Tout acte sera estimé d'après le mobile qui l'aura inspiré. Seul ce qui est conforme aux principes de la loi pourra supporter l'épreuve du jugement. L'homme ne possède ni la sagesse, ni la force qui lui permettraient de triompher. Ces vertus appartiennent à Dieu, Il les accorde à tous ceux qui, le cœur contrit et humilié, implorent son secours. — Ellen G. White. *Paraboles de Jésus,* p. 274.4

Le péché est non seulement la désobéissance à Dieu, mais aussi une illusion de satisfaction puisque en le commettant, on assouvit un acte qui est contraire aux lois divines. Il ne rend jamais heureux, car le pécheur doit subir la voix de la conscience, où réside la loi sur le bien et le mal.

Seuls ceux qui obéissent à Dieu peuvent être heureux. Dieu les comble de Ses bienfaits, les soucis de la vie ne restent pas sur eux, même s'ils doivent passer par des épreuves.

Il est écrit que « le malheur atteint souvent le juste, mais Dieu l'en délivre toujours ». — *Psaume 34:19*. Jésus dit aussi : « Cherchez premièrement le royaume et la justice de Dieu; et toutes ces choses vous seront données par-dessus ». – *Matthieu 6:33*. Dieu pardonne son péché à celui qui se repent sincèrement, mais la trace de son péché demeure et son corps reste souillé. Cette souillure ne peut être lavée que par le sang d'un être semblable à Dieu, et c'est le Fils de Dieu qui s'est offert, car il est écrit : « Sans effusion de sang il n'y pas de pardon ». – *Hébreux 9:22*.

Même les anges qui sont pourtant purs, n'auraient pu satisfaire à cette terrible épreuve qui est le calvaire et la mise à mort du Christ, qui par Son sang versé a pu laver la souillure du péché, seul sang accepté du Père.

Et ce n'est pas le sang d'un animal que l'on sacrifiait ; mais seul le sang du Christ Fils de Dieu a pu volontairement accomplir cette douloureuse mission : donner Son sang pour sauver le pécheur.

Aussi ceux qui prennent à la légère le sacrifice du Sauveur, encourront le jugement de Dieu.

Arrêtons-nous et prenons conscience de ce fait qui montre à ce monde ingrat, l'amour que le Seigneur a pour Sa créature qu'Il veut sauver de la mort éternelle à un tel prix. Malheureusement beaucoup la subiront, c'est ce que laisse entendre le Sauveur quand Il dit : « Car il y a beaucoup d'appelés, mais peu d'élus. » — *Matthieu 22:14*. On voit bien par ces paroles que ce n'est pas tout le monde qui pourra entrer au Paradis. Donc, il y aura un tri.

> Les péchés de tous les vrais croyants pénitents seront effacés des livres célestes pour ne plus revenir à la mémoire. — Ellen G. White. *Patriarches et Prophètes*, p. 368.

Le péché et ses racines

Il n'y a aucune innocence dans le genre humain pécheur, même le nouveau-né porte en naissant les racines du péché héritées de ses parents, et de nos premiers parents Adam et Ève, et dont les racines peuvent se développer à mesure que l'enfant grandira.

Même si le pécheur veut ignorer ou ne pas reconnaître ses transgressions, il verra que dans les registres du ciel tous ses actes, bons ou mauvais sont notés avec soins et précisions, et serviront à Son jugement. La confession de chacun de ses péchés et la demande du pardon doivent se faire sur la terre.

Dieu peut laisser longtemps prospérer les méchants mais pour être longtemps retardé, leur châtiment n'en est que plus certain et terrible. — voir *Psaumes 92:6-8*, où il est dit : « L'homme stupide n'y connaît rien, et l'insensé n'y prend point garde. Si les méchants croissent comme l'herbe, si tous ceux qui font le mal fleurissent, c'est pour être anéantis à jamais. »

Selon un fidèle du Seigneur, l'homme s'est fait lui-même juge en se constituant un tribunal de complaisance, et reniant cette exigence spirituelle qui est en lui, mais que sa conscience, elle, en est témoin.

Les méchants s'illusionnent quand ils voient que rien ni personne ne les empêchent de continuer à ne faire que leur volonté et à se moquer des lois de Dieu. Il est important que les hommes se rendent compte où les conduit le péché. On ne sait pas assez que Dieu amènera toute œuvre en jugement au sujet de tout ce qui est caché, soit bien, soit mal. — *Ecclésiaste 12:15-16*.

Le jugement est un sujet que l'on n'aborde pas, on ne sait même pas que tout au long des Écritures les avertissements y sont clairs et que l'on doit s'y préparer.

En Dieu, il n'y a aucune complaisance pour le péché quel qu'il soit, et un terrible jugement attend tout transgresseur non repentis.

La personne du Christ est présentée aujourd'hui comme toute bonne, avec qui on peut tout se permettre, puisqu'Il a bien voulu mourir pour nous sauver, et effacer nos péchés, pourquoi ne pas en profiter et faire ce que bon nous semble ?

C'est vraiment méconnaître le Christ. Il peut, et Il est doux et humble de cœur, comme Il le dit lui-même dans les Évangiles, mais Il hait le péché, et Son temps d'intercession achevé. Il deviendra au jour du jugement un juge redoutable. Et là, plus de pitié ni de pardon, c'est de lui qu'il est dit dans l'Apocalypse : « Il paîtra [les nations] avec une verge de fer, comme on brise les vases d'argile, ainsi que moi-même j'en ai reçu le pouvoir de mon Père. » — *Apocalypse 2:27*. « Car tout genou fléchira devant le doux Jésus de Nazareth » et « jusqu'à ce que je fasse de tes ennemis ton marchepied », dit le Seigneur Dieu.

Le temps de grâce

Durant le temps de la grâce accordé par Dieu à l'humanité, le pécheur repentant peut encore être pardonné ; ce temps prendra fin peu avant le retour du Christ sur les nuées du ciel. Car à la fin du temps de grâce, comme au temps de Noé où Dieu ferma la porte de l'arche, et où par toute la terre habitée, tous les impies périrent noyés. La porte du ciel sera fermée pareillement aux impies, aux incrédules, aux indifférents et à tous ceux qui ne craignent pas Dieu.

C'est lorsque ces paroles solennelles « C'en est fait » seront prononcées par le Seigneur lorsqu'Il sortira du Lieu Très-Saint où Il achève Son œuvre qui suit l'œuvre accomplie au Calvaire. C'est quand Il prononcera ces paroles qu'Il aura mis fin à l'histoire de l'humanité. Alors il est écrit « que celui qui est injuste soit encore injuste, que celui qui est souillé se souille encore; et que le juste pratique encore la justice, et que celui qui est saint se sanctifie encore. Voici, je viens bientôt, et ma rétribution est avec moi, pour rendre à chacun selon ce qu'est Son œuvre. » — *Apocalypse 22:11,12*.

À tout moment Jésus peut revenir comme Il l'a promis, et il peut être trop tard pour nous repentir.

Ceux qui sont sauvés, le sont *par grâce*, par le moyen de la foi, et cela ne vient pas de nous mais de Dieu. Ceux qui sont sauvés ne sont pas dispensés d'observer la loi ; si leurs œuvres ne les sauvent pas à elles seules, ils se doivent de les accomplir. Elles font parties de la foi et du salut. Il est dit que la foi sans les œuvres est vaine.

> Sous le règne de la grâce, le vrai chrétien est alors délivré de la condamnation à mort, il doit aussi s'abstenir de pécher. Sous la grâce, le chrétien reçoit le pouvoir d'observer la loi. Le vrai chrétien observe toutes les lois de son Dieu, et fait toute sa volonté, et Dieu inscrit alors Ses lois dans son cœur. La grâce du Seigneur est suffisante dans toutes nos épreuves — Ellen G. White, dans *Premiers Écrits*, « La victoire, le 31 janvier », page 46.

Voici ce que Jésus répond à la prière de l'apôtre Paul. L'apôtre écrit : « Et pour que je ne sois pas enflé d'orgueil, à cause de l'excellence de ces révélations, il m'a été mis une écharde dans la chair, un ange de Satan pour me souffleter et m'empêcher de m'enorgueillir. Trois fois j'ai prié le Seigneur de l'éloigner de moi, et il m'a dit: "Ma grâce te suffit, car ma puissance s'accomplit dans la faiblesse." Je me glorifierai donc bien plus volontiers de mes faiblesses, afin que la puissance de Christ repose sur moi ». — *2 Corinthiens 12:7-9*.

En route vers le ciel

Chapitre 20

Le juste en route pour l'éternité

Quand le vrai croyant est justifié, reconnu par Dieu comme juste, qu'il a reçu la justice de Son Fils et le sceau de Dieu, il rejoint le rang des élus. Même s'il doit passer par la mort, à sa résurrection, c'est la vie éternelle qui l'attend grâce au Christ. Jésus n'a-t-Il pas dit « Je suis la résurrection et la vie » ? Chaque mot de ces belles paroles résonne aux oreilles du juste.

Elles nous éclairent sur leur importance, leur vérité, leur réalité. Tout ce que le Seigneur dit et promet, sachons-le, Il accomplit !

> Le salut est accordé à celui dont le caractère est conforme à la loi divine. Tout être humain qui s'y conforme entrera dans le royaume de la gloire. — Ellen G. White, *Patriarches et Prophètes,* p. 184.

La Bible dit que la vie éternelle s'obtient par la foi en Jésus-Christ, et l'obéissance. Toute âme qui consent à travailler à son salut avec « crainte et tremblement » est élue. Est élu celui qui consent à veiller et à prier comme le demande Jésus. Est élu celui qui consent à sonder les Écritures et à fuir la tentation. Est élu celui qui est résolu à croire malgré tout et à obéir à « toutes paroles qui sortent de la bouche de Dieu », dit Jésus.

Le salut est offert à tous ceux qui en auront rempli les conditions.

> Le chrétien devrait souvent se souvenir de sa vie passée et se rappeler les délivrances merveilleuses qui lui ont été accordées, le soutien qui lui a été offert dans l'épreuve, les issues soudaines ouvertes devant lui quand tout semblait obscur et fermé, et le

réconfort qui lui est parvenu au moment de défaillir. Dans toutes ces circonstances, nous devons reconnaître des preuves de la présence et de la protection des anges de Dieu. Le souvenir de ces bienfaits innombrables devrait nous inciter à répéter, émus, avec le Psalmiste: "Que rendrai-je à l'Éternel? Tous Ses bienfaits sont sur moi!" (Psaumes 116:11) — Ellen G. White, *Patriarches et Prophètes*, p. 165,4.

Le souvenir de tous ces bienfaits doit aider le vrai croyant à tenir bon jusqu'au bout.

Chapitre 21

La vie sur terre, pourquoi ?

Un grand nombre de gens traversent leur vie sur terre en pensant que la vie s'arrête à la mort de l'homme. Ils ne se posent pas la question de savoir pourquoi ils sont sur terre.

Certains croient à une vie après la mort, d'autres pas tellement, et d'autres encore n'y croient pas du tout. Ils pensent qu'il faut profiter de cette vie qui nous est donnée, dans nos occupations qui peuvent être diverses : le boire, le manger, les distractions, les loisirs, et ce que nous apporte cette vie moderne.

Il faut se rendre compte qu'après nous, nos enfants et nos petits-enfants disparaîtront aussi un jour, et qu'après quelques générations ils seront aussi oubliés, et dans les temps qui suivent nous serons tous tombés dans l'oubli, comme si nous n'avions jamais existé. Nos aïeux partent, mais ils restent encore dans nos mémoires, et après nous plus personne ne s'en souvient.

On pourrait se demander à quoi aura servi notre passage sur terre. Si les gens se donnaient la peine de se renseigner sur ce que le Seigneur qui les a créés attend d'eux, ils sauraient aussi qu'une vie éternelle leur est offerte gratuitement en Jésus Christ. Ils verraient que la vie sur terre a une raison et un but : l'espoir d'être sauvés et avoir accès au Paradis.

Ils peuvent s'instruire et s'enrichir par la Parole de Dieu écrite pour eux ; elle enseigne que la vie ne finit pas dans la tombe, mais qu'il faut expressément suivre les conseils qu'elle donne pour obtenir le salut. « Avec crainte et tremblement, mettez en œuvre votre salut », dit Paul. C'est donc qu'il faut se donner la peine d'y travailler.

Dieu n'acceptera pas dans Son Paradis celui qui ne l'a pas connu, ni craint, et ne s'est donné aucun mal. Les commandements et les lois de Dieu sont impératifs et doivent être suivis sans relâche.

Sous la grâce, le vrai croyant reçoit le pouvoir d'observer toutes les lois de Dieu. Jésus a dit : « Ce ne sont pas ceux qui me diront, Seigneur, Seigneur qui entreront au Paradis, mais ceux qui auront fait la volonté de mon Père ».

Les vérités bibliques ne caressent pas les gens d'illusions, elles les mettent en garde contre leur propre jugement et leur propre vision des choses.

Notre destinée future

Y a-t-il une vie après la mort ? C'est une question que beaucoup de gens se posent. La Bible et Jésus lui-même l'affirment. Assez d'enseignements et de renseignements nous sont donnés sur cet important sujet pour ne pas en douter.

Dieu seul connaît notre avenir. À force d'émettre des hypothèses ou d'imaginer ce qu'il y a après la mort, l'homme se perd dans des visions non bibliques (comme certaines confessions religieuses qui voient tous les défunts aller automatiquement au ciel). Ce n'est pas ce qu'enseigne la Bible, le livre inspiré de Dieu. A propos de ce sujet, lisez *Ecclésiaste 9:10*.

Une seule vérité doit prévaloir, c'est la Parole de Dieu. Celui qui veut savoir et qui ne cherche pas par l'enseignement des Écritures tombe dans la confusion, a dit Jésus. Il est surprenant que beaucoup de ceux qui disent croire au Christ soient complètement ignorants sur les conditions pour entrer au Paradis. Ceux-là font comme si Jésus n'avait rien dit là-dessus, et se présentent eux-mêmes comme y ayant droit ou tout au moins y entrer systématiquement. Si ces personnes ne suivent pas les enseignements, ni les avertissements qui les concernent, elles risquent d'être plus que surprises quand le jour de la résurrection et du jugement dernier arrivera. Alors que ce conseil impératif est donné aux hommes, comme il a été donné au peuple d'Israël dans *Amos 4 :12*, il est écrit : « Prépare-toi à la rencontre de ton Dieu ».

En route vers le ciel

Chapitre 22

Des choses agréables à entendre

L'apôtre Paul dit dans *2 Timothée 4:3,4* : « Car il viendra un temps où les hommes ne supporteront pas la saine doctrine*; mais, ayant la démangeaison d'entendre des choses agréables, ils se donneront une foule de docteurs selon leurs propres désirs, détourneront l'oreille de la vérité, et se tourneront vers les fables ». À ceux qui écoutent ces docteurs, on ne peut plus apporter les vérités des Saintes Écritures, car elles leur paraissent une folie. Ainsi, ils ne voient pas comment le péché y est dénoncé. Ils peuvent être tranquillisés par ces docteurs et continuer à croire aux fables.

Si la Parole de Dieu donne l'espoir et l'assurance d'être sauvés de la mort éternelle à ceux qui gardent Ses vérités pures, elle n'en met pas moins en relief les jugements de Dieu qui atteindront tous les impies, les incrédules, les indifférents et les rebelles. Leur ruine éternelle leur est assurée.

Il semble que de nos jours il soit difficile de parler des vérités bibliques : « Elles sont regardées comme quelque chose d'étranger », dit le Seigneur. Pourtant, qui doit-on croire ? Le Dieu Tout-Puissant et Créateur de toutes choses, ou les faux docteurs et leurs fables qui mènent à la ruine éternelle, comme le dit l'apôtre Paul ? À chacun de choisir.

La preuve en est que la plupart des gens ne se fient pas à ce qu'enseignent les Écritures sacrées. Aussi le Seigneur leur dit : « Parce qu'ils n'ont pas reçu l'amour de la vérité pour être sauvés,

---

* ou l' « enseignement sain ».

Dieu leur envoie une puissance d'égarement, pour qu'ils croient au mensonge ». — *2 Thessaloniciens 2:10,11.*

Il dit aussi : « Que j'écrive pour lui toutes les ordonnances de ma loi, elles sont regardées comme quelque chose d'étranger ». — *Osée 8:12.* Il dit encore : « Mon peuple est détruit parce qu'il lui manque la connaissance ; puisque tu as rejeté la connaissance, je te rejetterai, puisque tu as oublié la loi de ton Dieu, j'oublierai aussi tes enfants ». — *Osée 4:6.*

Pour que l'on puisse mieux comprendre ces deux derniers paragraphes relatés par le prophète Osée, il nous faut remonter à l'Ancien Testament où Dieu s'adresse au peuple d'Israël.

Dieu reproche à Son peuple l'infidélité, l'ingratitude, l'idolâtrie, jusqu'à le menacer dans Sa colère, d'une ruine totale et d'oublier même Ses enfants. — *Osée 4:6.* Mais dans *Osée 14:1-4*, le peuple d'Israël revient à l'Éternel. Il est alors reçu favorablement. Ces propos montrent que le Seigneur attend que le pécheur se tourne vers lui avec la repentance. Dieu emploi les grands moyens pour que le peuple d'Israël lui revienne. Même en dehors du peuple d'Israël, tous ceux qui s'éloignent de l'Éternel en négligeant Ses ordonnances, ceux qui pareillement rejettent la connaissance, tous ceux-là seront systématiquement attirés par les fables et des choses agréables à entendre.

Il est écrit : « Que le méchant abandonne sa voie, et l'homme d'iniquité ses pensées; qu'il retourne à l'Éternel, qui aura pitié de lui, à notre Dieu, qui ne se lasse pas de pardonner. » — *Ésaïe 55:7.* « Revenez à moi de tout votre cœur. » — *Joël 2:12.*

Il supplie à Sa créature qu'Il aime d'un amour infini. Dieu fera tout pour que celui qu'Il a créé lui revienne. « Aujourd'hui, si vous entendez Sa voix, n'endurcissez pas vos cœurs, comme lors de la révolte », dit la Bible dans *Hébreux 3:15.*

Le retour d'Israël vers son Dieu

Bien qu'après s'être éloigné de Dieu et mal conduit, Israël se repentit, et sa repentance fut indispensable pour être en paix avec Dieu.

La réconciliation du peuple d'Israël avec son Dieu est un exemple qui méritait d'être souligné. Ceux qui sont tentés de s'éloigner du Seigneur doivent savoir que Dieu pardonne leur iniquité s'ils se tournent vers lui avec une vraie repentance et une confession profonde et sincère. N'oublions pas que Dieu est amour et qu'Il nous aime d'un amour infini. Comme Il a fait avec le peuple d'Israël, Il emploiera les moyens – même les grands moyens – pour vous aider à prendre le chemin qui mène sur la bonne voie, celle où Dieu vous attend.

En route vers le ciel

Chapitre 23

Dieu notre Père Éternel et nos morts

Dieu est notre Père Éternel. Dieu n'abandonnera jamais celui qui Le recherche avec amour et sincérité et qui le trouve.

Nos parents terrestres nous quittent, et l'on se sent abandonnés. Mais notre Père Céleste est toujours là.

Ainsi, une fois que nos parents meurent, ils ne peuvent plus rien pour nous. Il nous est très pénible d'être privés de leur présence et de leur affection. C'est pourquoi certains sont tentés d'invoquer leurs chers disparus, ceux qu'ils ont aimés et perdus.

Ils en viennent parfois à vouloir et à essayer de communiquer avec eux, souvent par le biais de médiums, d'enchanteurs, de magiciens.

La Bible condamne totalement de telles pratiques, car elles faussent notre vision des réalités des vérités et de l'enseignement bibliques. Les personnes qui y ont recours vont contre l'interdiction du Seigneur et des Écritures.

Dans *Ecclésiaste 9:5,6* il est dit : « Les vivants, en effet, savent qu'ils mourront; mais les morts ne savent rien, et il n'y a pour eux plus de salaire, puisque leur mémoire est oubliée. Et leur amour, et leur haine, et leur envie, ont déjà péri; et ils n'auront plus jamais aucune part à tout ce qui se fait sous le soleil ». — *Ecclésiaste 9:5,6*. Dans le verset 10, il est dit : « car il n'y a ni œuvre, ni pensée, ni science, ni sagesse, dans le séjour des morts, où tu vas ». — *Ecclésiaste 9:10*.

L'Écriture nie toute possibilité de communication entre les morts et les vivants. Les morts sont inconscients et ne savent rien de ce qui se passe sous le soleil.

> La croyance aux revenants est l'un des signes les plus palpables de cette crédulité mondaine qui va souvent de pair avec le manque de foi. — Alfred Vaucher, dans *L'Histoire du salut*.

Ésaïe 8:19 dit : « Si l'on vous dit: "Consultez ceux qui évoquent les morts et ceux qui prédisent l'avenir, qui poussent des sifflements et des soupirs", répondez: "Un peuple ne consultera-t-il pas son Dieu? S'adressera-t-il aux morts en faveur des vivants ?" »

Les Saintes Écritures déclarent dans *2 Corinthiens 11:14* : « Et cela n'est pas étonnant, puisque Satan lui-même se déguise en ange de lumière ». La vérité scripturaire nous révèle que les morts ne savent rien et que les « revenants » sont des esprits de démons.

La Bible nous met en garde contre ces esprits trompeurs et dangereux. Voici ce qu'il est dit : « Qu'on ne trouve chez toi personne qui fasse passer son fils ou sa fille par le feu, personne qui exerce le métier de devin, d'astrologue, d'augure, de magicien, d'enchanteur, personne qui consulte ceux qui évoquent les esprits ou disent la bonne aventure, personne qui interroge les morts. Car quiconque fait ces choses est en abomination à l'Éternel; et c'est à cause de ces abominations que l'Éternel, ton Dieu, va chasser ces nations devant toi ». — *Deutéronome 18:10-12*.

Chapitre 24

La mauvaise voie

On peut penser que quelquefois des situations difficiles s'arrangent, comme par miracle, et cela nous porte à penser aussi que c'est grâce à Dieu. Il est certain que la main du Seigneur peut passer où Il le veut.

Si Dieu aide une personne qui prend et suit une mauvaise voie, elle ne doit pas oublier que ce n'est pas pour autant que Dieu l'acceptera dans son Paradis s'il poursuit son chemin. Dieu peut aider même les personnes qui ne seront pas sauvées s'Il le veut.

En effet, quel est le père qui, voyant son enfant prendre un mauvais chemin et n'écoutant pas ses conseils, ne viendrait pas en aide si son enfant a besoin de lui, en essayant par tous les moyens de le ramener à la raison ? Mais si ce fils continue sur cette mauvaise voie, il arrivera que son père – malgré ses efforts – ne pourra le faire changer, et il le laissera, avec la tristesse au cœur, poursuivre le chemin qu'il aura choisi et qui le mènera à sa perte.

Le Seigneur sait que si Son enfant choisit la mauvaise voie, les portes du ciel lui seront fermées. Suivre la mauvaise voie, c'est persister dans la désobéissance aux commandements et aux lois de Dieu. Suivre la mauvaise voie, c'est ne pas prendre à cœur le sacrifice du Christ, ni les choses spirituelles qui constituent le chemin de la foi, mais c'est surtout refuser la main que le Seigneur nous tend.

Beaucoup de gens s'égarent sur ce point crucial ; c'est pourquoi on doit s'inspirer de la Parole de Dieu. On peut ne pas avoir une connaissance approfondie des Saintes Écritures, mais chacun est tenu de connaître, de craindre Dieu et de lui obéir.

Dieu ne veut pas d'une obéissance forcée. On doit obéir au Seigneur parce qu'on L'aime et que Ses lois nous sont agréables et justes.

Dieu a placé assez de preuves dans la Bible pour ne pas douter de son origine divine.

Les preuves également dans la nature et autour de nous sont assez flagrantes pour reconnaître, pour y voir la puissance créatrice du Tout-Puissant.

L'apôtre Paul dit que ceux qui ne tiennent pas compte de ces preuves qui se voient comme à l'œil nu, sont inexcusables. Dans *Psaumes 139:24*, David s'adresse au Seigneur : « Regarde si je suis sur une mauvaise voie, et conduis-moi sur la voie de l'éternité ! »

Chapitre 25

L'homme, un être créé

La Bible nous dit que l'homme a été créé par Dieu. Or, la Bible est la *Parole de Dieu*. Dieu n'a pas laissé l'homme qu'Il a créé aller au hasard. Il lui a donné dès Sa création les lumières nécessaires, les directives et Ses lois.

Il a voulu que Sa créature soit enseignée sur tout ce qu'elle devait savoir pour bien vivre, humainement et spirituellement. Toutes ces choses sont inscrites dans les Saintes Écritures.

L'âme : « L'Éternel Dieu forma l'homme de la poussière de la terre, Il souffla dans ses narines un souffle de vie et l'homme devint un être vivant ». — *Genèse 2:7* ; *1 Corinthiens 15:45*. « Que le Dieu de paix vous sanctifie lui-même tout entiers, et que tout votre être, l'esprit, l'âme et le corps, soit conservé irrépréhensible, lors de l'avènement de notre Seigneur Jésus-Christ! » — *1 Thessaloniciens 5:23*.

L'homme est donc composé de trois éléments essentiels : le corps, l'esprit et l'âme. L'humanité primitive le savait déjà.

(A) La poussière de la terre ;
(B) Le souffle de vie (l'esprit) ;
(C) L'âme vivante : résultat de l'opération des deux éléments précédents.

Dans *Job 33 :4*, on peut lire : « L'Esprit de Dieu m'a créé, et le souffle du Tout-Puissant m'anime ».

L'esprit humain n'est pas une émanation de l'Esprit divin, mais le souffle de Dieu nous donne la vie.

> Ce passage nous en apprend davantage, sur la nature de l'homme, que des volumes d'anthropologie — Alfred Vaucher.

> L'esprit de l'homme est l'organe par lequel nous avons les notions des choses divines ; il désigne la partie supérieure de l'homme où siègent l'intelligence, la raison, et la conscience morale. — Charles Gerber, dans *Les sentiers de la foi*.

La mort signifie en même temps l'extinction de l'âme. Avec la mort de l'homme, l'âme disparaît avec lui par dissociation de l'esprit ou « souffle » qui retourne à Dieu (*Ecclésiaste*), et du corps qui, étant complètement éteint, tombe en poussière. « Faisons l'homme à notre image, selon notre ressemblance. » dit le Seigneur dans *Genèse 1:26*.

À leur création, Adam et Ève étaient des êtres parfaits, de haute stature, plein de santé et d'énergie, parfaits en beauté et en intelligence.

Dieu les plaça dans un jardin paradisiaque en Éden. Le désir du Seigneur était que ses créatures vivent dans un bonheur complet.

En créant l'homme, Dieu a fait que se reflète en lui la pensée et l'image de son Créateur. Cela fait partie de sa constitution. C'est pourquoi on ne peut nier Dieu sans perturber fortement sa nature.

L'homme qui fut créé par Dieu a la nature, les Saintes Écritures et son Dieu pour s'instruire et être ainsi un homme complet. Il faut savoir que l'apparition du péché a altéré l'image de Dieu, mais Dieu rétablit cette image chez les vrais croyants, les « élus ».

Chapitre 26

Dieu vu par l'homme aujourd'hui

On a l'impression qu'aujourd'hui le Créateur est considéré par beaucoup comme un Dieu complaisant, s'accommodant de nos travers, excusant tout péché quand celui-ci est encore appelé « péché ». En fait, on n'a plus la crainte de Dieu. Son Saint Nom est prononcé à tort et à travers sans aucune retenue, alors qu'il est écrit dans les commandements : « Tu ne prendras point le nom de l'Éternel en vain ». Le nom de Dieu doit être prononcé dans un esprit de prière, d'humilité et de profond respect.

Or ce Dieu avec si peu d'autorité, plein de complaisance que l'homme s'est fabriqué n'est pas le Dieu de la Bible. Les rebelles verront comment le Tout-Puissant appliquera Sa justice et Sa colère à ce monde si peu soucieux de ses devoirs envers lui. Même ceux qui ne se sentent pas concernés quand il est parlé des méchants et de leurs destructions, risquent d'être bien surpris au jour du jugement.

Si l'homme croit vivre sans les lois de Dieu, sans en subir les conséquences. Il se trompe lourdement. Ce sont par les lois de Dieu et par Sa justice que nous serons jugés et non par celles des hommes. Ceux qui se croient bons et disent ne rien faire de mal, mais n'obéissent pas à Dieu, ne Le craignent pas et font ce qu'ils veulent, sont classés parmi les méchants dans les livres du ciel.

Il est certain que l'on n'entre pas dans le royaume de Dieu d'après notre propre jugement.

« De nos jours, l'amour de Dieu est présenté comme de telle nature, qu'il empêcherait le Seigneur de détruire le pécheur ». Les hommes raisonnent et abaissent Dieu selon leur propre regard et pensent qu'Il agirait dans la circonstance comme eux le décident et se l'imaginent, c'est-à-dire, selon leurs propres critères et leur idéal, « si peu élevé de justice et de droit ».

« Tu t'es imaginé que je te ressemblais », dit le Seigneur dans *Psaumes 50:21*. L'apôtre Paul dit : « Avec crainte et tremblement, mettez en œuvre votre salut ». Cela veut dire qu'il faut travailler sans relâche à notre salut et qu'on ne se l'approprie pas aussi simplement, sans rien faire. En un mot, il faut connaître la volonté de Dieu, ce qu'Il demande pour l'acquérir. On verra alors que la vision de l'homme par rapport au Tout-Puissant aujourd'hui peut ne pas être conforme à Sa volonté. Pourtant, Dieu veut que tous les hommes soient sauvés et qu'ils arrivent au salut, avec la volonté de L'écouter pour y arriver.

Chapitre 27

Appels et avertissements du Seigneur

« Revenez à moi et je reviendrai à vous », dit le Seigneur. Il ne faut pas oublier qu'Il ne veut que le bien de Ses créatures. Hélas, combien sont-ils ceux qui n'écoutent pas Ses appels ? Dans *Psaumes 128:1*, il est écrit : « Heureux tout homme qui craint l'Éternel, qui marche dans Ses voies ».

Par Sa sollicitude, Son amour, Sa patience, Sa bonté, on voit le désir de Dieu de tout faire pour toucher le cœur de l'homme. Son désir de l'amener à la repentance, à l'observance de Ses lois, de travailler à Son salut, pour hériter la vie éternelle. Dieu veut aider l'homme à y parvenir, mais Il attend de lui sa participation, sa volonté, sa foi.

Revenons à lui, en confessant nos péchés et en observant à Ses lois, et l'on verra le Seigneur prêt à déverser sur toute âme repentante et respectueuse de Ses lois les bienfaits de Sa bonté, de Sa générosité et de Son amour infini.

Jésus dit : « Je ne mettrai pas dehors celui qui vient à moi ». Il dit aussi : « Venez à moi vous tous qui êtes fatigués et chargés, et je vous donnerai du repos ». Il ne faut pas oublier surtout ce que le Seigneur dit, Il l'accomplit. « Arrêtez-vous et sachez que je suis Dieu », dit le Seigneur des Armées. Arrêtons-nous pour aller à lui qui ne demande qu'à nous recevoir et nous consoler.

Ainsi le Seigneur appelle, et appelle encore, mais combien restent sourds ? Beaucoup préfèrent se tourner vers les fables, des choses agréables à entendre, dit l'apôtre Paul. Comme dans certains services religieux, où tout est merveilleux, où le ciel est donné à tous, on y chante maintenant, plus que l'on y parle de nos devoirs envers Dieu. Les cantiques, les homélies, les sermons caressent les oreilles et satisfont les consciences.

Mais prenons garde aux appels de Dieu qui ne sont guère entendus, comme il le faudrait. Mais aussi à Ses avertissements et ceux du Christ, ceux aussi à travers les prophètes, et le livre de l'Apocalypse qui sont sans détours.

Prenons garde à la colère de l'agneau, le Christ, et du Dieu Tout-Puissant. Pourtant le Seigneur envoie toujours Ses bienfaits à ce monde si peu respectueux de Ses lois, à ce monde qui ne fait que ce que bon lui semble, sans tenir compte de Ses jugements et du grand jour de Son jugement.

Ayons en mémoire à ce qui arriva aux antédiluviens, à qui les hommes des derniers temps sont comparés par Jésus, qui auront la même attitude qu'eux. Où seul le juste Noé a été sauvé avec sa famille, où tous les habitants de la terre furent emportés par les eaux du déluge. Ayons en mémoire à ce qui arriva aux villes de Sodome et de Gomorrhe, qui partirent en fumée sous une pluie de souffre et de feu avec leurs habitants. Où seul Lot et des membres de sa famille furent épargnés. Sachant que la femme de Lot, pour ne pas avoir écouté l'ange de ne pas se retourner sur la ville en feu, fut changée en statue de sel. Le monde actuel devrait s'instruire de ces événements qui nous sont rapportés dans les Écritures, pour montrer à tous les peuples que Dieu peut détruire s'il le juge nécessaire et juste.

Pour donner un autre exemple, ayons aussi en mémoire la destruction du temple et de la ville de Jérusalem, sur lesquels Jésus avait fait cette prédiction à Ses apôtres « qu'il ne resterait du temple pas une pierre sur terre et que la ville serait détruite ». — *Luc 19:43*. Cette prédiction s'est réalisée à la lettre.

Les jugements de Dieu, les coupes de sa colère versées sur la terre (Apocalypse) se font sentir, mais qui y prend seulement garde ?

Les incendies, les cyclones, les tornades, les séismes, les inondations et les catastrophes diverses et imprévisibles, tous ces malheurs qui sont de plus en plus rapprochés, et de plus en plus dévastateurs, sont les derniers avertissements donnés au monde. Comme Noé a été averti du déluge, comme Lot de la destruction des villes de Sodome et Gomorrhe, comme les disciples du Christ de la destruction du temple et de la ville de Jérusalem.

Ces hommes de Dieu ont été avertis, attentifs et sauvés.

Il est vrai qu'à vue humaine, les avertissements du Seigneur et les événements à venir paraissent impossibles. Mais prenons garde avec les exemples qui sont donnés dans les Saintes Écritures. Le Seigneur Tout-Puissant accomplira chaque parole écrite dans son saint livre.

Ellen G. White qui, toute sa vie, a été au service du Seigneur dit : « Ainsi nous sommes avertis, maintenant du retour du Christ, et de ce qui doit arriver au monde. Ceux qui prennent en compte ces avertissements seront sauvés ».

C'est par bonté que Dieu nous avertit, afin de nous préparer à Son jugement. Tout au long de Son Saint livre, il nous donne des avertissements et le temps de nous y préparer. Dieu aura tout fait pour sauver les pécheurs, les rebelles à Ses lois. C'est pourquoi, Sa justice entraînera une sentence qui sera à la hauteur des délits commis.

Dans ce chapitre, il est intéressant de connaître les appels et les avertissements du Seigneur. Ils sont importants pour ceux qui veulent savoir.

Dès le commencement, Dieu a montré qu'il pouvait détruire, même la terre entière s'il le fallait. C'est ce qu'Il a fait avec le déluge (*Genèse 6:13,14*), où les eaux montèrent de quinze coudées au-dessus des montagnes qui furent couvertes (*Genèse 7:20*). Une coudée équivalant à la distance du coude, au bout du doigt du milieu de la main, évaluée à 50 centimètres. Ainsi la terre entière fut engloutie avec tous ses habitants.

Seul Noé et sa famille furent sauvés. Ils étaient au nombre de huit personnes. C'est dire l'ampleur que représentait l'étendue des eaux du déluge. Mais le déluge n'a pas suffi comme avertissement. Le Seigneur a dû renouveler les avertissements avec les autres destructions qui ont suivi. On pourrait aussi retenir le premier avertissement donné à Adam et Ève, nos premiers parents.

Au sujet du fruit de l'arbre que Dieu leur avait interdit de manger sous peine de mort s'ils enfreignaient cette interdiction. Ayant désobéi à Dieu, Adam et Ève seraient passés par une mort immédiate, si le Christ ne s'était pas offert en sacrifice pour les sauver.

Il faut savoir que Dieu ne contraint personne à lui obéir. Il laisse l'homme choisir son destin. Mais, au jour du jugement, personne ne pourra dire « moi je ne savais pas ». Tout aura été mis à disposition pour que l'homme puisse se poser les questions qui pourront le sauver.

Aussi il est impératif d'écouter avec la plus grande attention ces paroles. Il est dit : « Aujourd'hui si vous entendez Sa voix, n'endurcissez pas votre cœur ». C'est ici la voix du Seigneur qui se fait entendre à tous les peuples, comme toujours Il s'adresse au cœur des hommes.

Chapitre 28

La création de l'homme

Dans le récit de la Création, la Bible dit qu'Adam a été créé par Dieu. Le texte dit : « L'Éternel forma l'homme de la poussière de la terre, il souffla dans ses narines un souffle de vie, et l'homme devint un être vivant » — *1 Corinthiens 15:45 ; Genèse 2:7.*

C'est un être parfait, complet et noble qui est sorti des mains du Créateur.

Dès leur création par Dieu, les hommes et les animaux étaient bien définis. Chacun dans leur espèce respective humaine et animale, parfaitement fait, prêt à habiter la surface de la terre.

Quand Dieu acheva l'œuvre de la création, Il vit ce qu'Il avait fait : « Et voici cela était très bon » — *Genèse 1:31.* Mais quand on s'écarte du récit donné par Dieu, on se perd dans les méandres des théories humaines pour y chercher d'autres origines de l'homme.

La théorie du hasard d'un « big bang » aurait été trouvée par Fred Hoyle d'où serait sortie notre planète. La théorie de l'évolution par la variabilité des espèces de Darwin qui veut que l'homme parti de la matière, passant par plusieurs stades de transformation dont celle à l'état de mi-singe, mi-homme, puis à celle de singe sans parler de celui trouvé de Cro-Magnon et de Neandertal pour aboutir à l'homme parfait que nous sommes.

Mais pourrait-on se demander laquelle de ces théories serait-elle la bonne ? Sachant que la plupart sont enseignées dans les écoles, celle de Darwin étant la plus répandue, c'est-à-dire l'évolution par la variabilité des espèces. Huxley naturaliste et zoologiste a trouvé des affinités entre l'homme et le singe. Il a émis l'idée que l'homme descendait du singe. Il a rendu la théorie de Darwin acceptable pour le public.

Ainsi le Créateur aurait laissé les hommes dans l'ignorance sur leur origine, et il aurait fallu attendre l'arrivée de l'homme moderne au bout de milliers d'années, pour que celui-ci se mette à chercher quelle était l'origine de l'être humain.

Ainsi l'homme aurait erré pendant des siècles qui ont suivi sa création, sans trop savoir d'où il venait.

Alors que dès sa création, Dieu a pris soin de l'informer et toutes explications nécessaires lui ont été données sur ce qu'il devait savoir. Mais que de détours, d'obstinations et d'imaginations pour essayer de prouver que l'homme a d'autres origines que sa création par Dieu décrite dans le livre de la Genèse.

Mais en se détournant de l'œuvre du Créateur, pour imposer les théories humaines, en proposant autre chose, on court le risque puisque l'on en convainc des foules de gens, premièrement, de ne plus s'y retrouver, et par ce fait même de douter, voire de rejeter la création de l'homme par Dieu.

Donc pour ce qui est de la vie de l'homme et de sa création, il serait plus sensé, plus sage et plus logique d'y voir l'œuvre d'une intelligence qui nous dépasse, qui est insondable pour l'homme à un être pensant « au Dieu Tout Puissant » comme lui-même déclare qu'Il est le créateur de toutes choses et de toutes vies.

La création est l'ensemble des choses créées, il n'y a pas d'horloge sans horloger.

Comment tant de perfection, de merveilles, d'organisations subtiles, tant de complexités, auraient-elles pu surgir sans l'action de l'intelligence et de la puissance divines ? Quelqu'un de sensé aurait du mal à le croire.

Dieu n'est pas l'ami de ceux qui propagent de telles sciences, elles font se détourner des foules de gens des vérités bibliques. Pourtant Dieu ne dédaigne pas les sciences dignes de ce nom, quand elles sont utiles. C'est aussi par les sciences, les arts et les métiers qu'une civilisation prospère. Et l'homme possède ce besoin de savoir, et quand elles sont conformes à la pensée de Dieu, elles sont bénéfiques. Aussi ne l'oublions pas, il est écrit : « L'homme intelligent c'est celui qui comprend les choses de Dieu » : les choses que Dieu veut qu'il sache et comprenne. La création est clairement présentée dans le livre de la Genèse comme étant l'œuvre de Dieu créateur du Ciel et de la terre et de toute vie.

La Bible toute entière qui est Sa Parole n'a jamais changé. Ce qui est dit dans la Genèse sur nos origines n'a jamais varié, c'est-à-dire, que l'homme et la femme ont été créés par Dieu.

En route vers le ciel

Chapitre 29

Le jour de repos : le 4ème commandement du Décalogue

Quand Dieu créa le ciel, la terre et tout ce qui y est contenu, Il le fit en six jours. Le septième jour, Il s'est reposé. Il a sanctifié ce jour et l'a béni. Ce septième jour est le samedi. Donc, le dimanche étant le premier jour de la semaine était observé comme faisant partie des autres jours de travail des hommes.

La lexicologie des écoles que Larousse composa en premier, rapporte que le dimanche y est considéré comme étant le premier jour de la semaine. Puis, il composa la rédaction du grand dictionnaire universel du XIXe siècle (immense encyclopédie, gigantesque projet). Après celui-ci, le « nouveau » Larousse illustré, dictionnaire encyclopédique en 8 volumes publié de 1897 à 1904 sous la direction de Claude Augé fut créé. Ensuite, le Larousse mensuel illustré revue encyclopédique universelle fondée en 1907 fut publié par Claude Augé. Aussi le Larousse du XXe siècle, dictionnaire encyclopédique universel en six volumes publiés de 1927 à 1933 fut publié par Claude Augé, jusqu'à la dernière édition en 1963 du Larousse des débutants refondue.

Or, dans tous ces ouvrages universels dont les premières parutions remontent au XIXe siècle, les auteurs savaient tous que le *dimanche* était le *premier jour*, et le *samedi* le *septième jour* de la semaine. Cette loi remonte à la création du monde par Dieu. C'est donc une loi divine qui ne peut en aucun cas être changée – Jésus le dit très clairement – sous peine de graves sanctions divines.

Ce jour de repos est le *sabbat biblique*, le samedi, ordonné par Dieu, et que tout homme se doit de respecter.

Or, aujourd'hui, sur les nouvelles éditions, l'on voit que sur l'édition de 1998 du dictionnaire Larousse, le jour de repos du Seigneur a été changé. Le dimanche y est noté comme septième jour de la semaine à la place du sabbat de Dieu, le samedi.

Il est certain que les contemporains de ces éditions nouvelles vont y adhérer sans se poser de questions, et que Pierre Larousse n'est strictement pour rien dans ce changement que l'on a glissé dans tous les dictionnaires actuels. Sous quelle autorité ? La Bible répond à cette question, car ceci est voulu et vulgarisé par la volonté purement humaine et non divine.

Voici ce qui a été relevé aux yeux de tous sur ce changement où le dimanche a été noté à la place du samedi comme septième jour de la semaine au lieu du premier jour : dans le Larousse actuel 1ère édition 1998, dans le Larousse 2008 pour la présente édition, dans le dictionnaire Hachette et dans le dictionnaire « Le Petit Robert ». Tous ceux-ci ont inscrit dans leur dictionnaire ce changement. Ces dictionnaires sont un moyen sûr de communiquer aux populations ce que l'on veut y changer, parce que les dictionnaires sont des livres de références où chacun y puise des renseignements et, il faut le dire, tout le monde s'y fie naturellement.

Aussi rendons hommages à celui qui a composé les dictionnaires « Larousse », à ceux qui ont poursuivi ses œuvres sans rien changer à la loi de Dieu qui remonte à la création du monde jusqu'à ce que paraissent les nouvelles éditions en 1998 et d'autres dictionnaires où la loi de Dieu a été changée et qui sera enseignée aux générations futures.

Adam et Ève devaient faire comme leur Créateur se reposer ce jour-là, et observer le Sabbat (samedi) ainsi que leur descendance. Puis Dieu rappela ce jour de repos sur le mont Sinaï, avec les autres commandements où il figure à la quatrième place du décalogue ; c'est dire l'importance que le Seigneur lui attache.

Ce jour doit lui être consacré. Il montre que les humains ne doivent jamais oublier la différence qui les sépare de leur Dieu ; ce jour doit rappeler continuellement à l'homme l'œuvre de la Création.

C'est un jour d'adoration envers le Seigneur, de repos, de prières et de bénédictions. Il incombe à la race humaine de le respecter. Le Sabbat sera célébré dans la vie future. — *Ésaïe 66:22,23*. C'est un principe immuable.

Ce commandement ne concerne pas seulement un peuple, mais tous les peuples de la terre, puisqu'il figure dans le décalogue, et que les dix commandements ont été donnés à l'humanité toute entière, comme règles à suivre et règles de vie.

Ce jour doit rappeler pour toujours l'œuvre de la Création : jour de commémoration, jour de repos. Sabbat ou Shabbat est un terme hébreu qui veut dire « cessation de travail », « repos » ; c'est l'occasion pour l'homme de rendre un culte sincère à Dieu, comme seul Dieu Créateur et Rédempteur. Respecter ce jour et le célébrer est une preuve de notre amour pour lui. Le quatrième commandement doit être pour toujours le mémorial de la Création.

Le temps a été compté et institué par Dieu lors de la Création à partir de la semaine des sept jours. L'homme devait travailler six jours et se reposer le septième jour, le samedi. Dès lors, les jours et les années de l'homme ont commencé à se compter dès la Création. Puisqu'au premier jour de la Création, il est dit : « ainsi, il y eut un soir, il y eut un matin, ce fut le premier jour ». Il en fut ainsi jusqu'au sixième jour, puis le septième où le Seigneur s'est reposé. Le samedi ou sabbat biblique remonte à la Création (voir *Genèse 2:12*). Les juifs ont observé ce jour dès le commencement et ont continué de l'observer jusqu'à nos jours. Le jour de repos donné par Dieu à son peuple avait pour nom « Sabbat » de l'hébreu « Shabbat ».

Nos ancêtres païens avaient appelé le premier jour de la semaine le « Dimanche », « jour du soleil », parce que ce jour-là ils adoraient cet astre. Dans l'Église chrétienne, le dimanche ou « jour du soleil » des païens reçut le nom de « jour du Seigneur ». Ainsi le dimanche a remplacé le Sabbat de l'Ancien Testament par la volonté de l'homme.

C'est le 7 mars 321 de notre ère que fut exigé par l'empereur Constantin le respect du « jour vulnérable du soleil », et vers l'an 360, Eusèbe de Césarée déclare et écrit que « tout ce qui devait être fait le Sabbat, nous l'avons transféré au dimanche ».

Les auteurs du Nouveau Testament désignaient le dimanche simplement comme le premier jour de la semaine. — *Matthieu 28:1 ; Marc 19:2,9 ; Luc 24:1 ; Actes 20:7 ; 1 Corinthiens 16:2.*

L'empereur Constantin, en l'an 321, décrète le dimanche « jour de repos » obligatoire, tant pour les chrétiens que pour les adorateurs du soleil qui le vénéraient ce jour-là.

Voici l'ordre de Dieu qui concerne tous les humains : « Souviens-toi du jour de repos pour le sanctifier, tu travailleras six jours et tu feras tout ton ouvrage, mais le septième jour est le jour de repos de l'Éternel. Tu ne feras aucun ouvrage, ni toi, ni ton fils, ni ta fille, ni ton serviteur, ni ta servante, ni ton bétail, ni l'étranger qui est dans tes portes. Car en six jours l'Éternel a fait les cieux et la terre, et la mer et tout ce qui y est contenu, et il s'est reposé le septième jour. C'est pourquoi l'Éternel a béni le jour de repos et l'a sanctifié » — *Exode 20:8,11.*

Dieu dit encore par le prophète Ésaïe dans *Ésaïe 58:13,14* : « Si tu retiens ton pied pendant le sabbat, pour ne pas faire ta volonté en mon saint jour, si tu fais du sabbat tes délices, pour sanctifier l'Éternel en le glorifiant, et si tu l'honores en ne suivant point tes voies, en ne te livrant pas à tes penchants et à de vains discours, alors tu mettras ton plaisir en l'Éternel, et je te ferai monter sur les hauteurs du pays, je te ferai jouir de l'héritage de Jacob, ton père; car la bouche de l'Éternel a parlé. » *Ésaïe 58 :14.*

En route vers le ciel

Chapitre 30

Le lien spirituel

L'être humain a été créé avec une nature faite de chair et de sang, et il possède tout ce qui lui est nécessaire pour vivre sur cette terre, enfin, tout ce qui sert à sa constitution d'homme et qui fait de lui un être vivant. Il possède surtout un sens spirituel et religieux qui le relie à son Créateur. C'est la partie la plus élevée de l'homme qui fait de lui un être complet.

En ne vivant qu'une vie terrestre terre-à-terre, et en ne pensant que de temps en temps à Dieu, l'on fragilise dangereusement ce lien vital qui, à force de ne pas être entretenu et de rester espacé plus ou moins longtemps, se distend et risque de se rompre, ne laissant à l'homme que la vie terrestre. Il peut très bien continuer à suivre cette vie qu'il s'est choisi sans trop apercevoir qu'il aura coupé le lien indispensable et vital.

S'il poursuit cette voie, même ses prières risquent de devenir inutiles. « Si quelqu'un détourne l'oreille pour ne pas écouter la loi, Sa prière même est une abomination » — *Proverbes 28:9*, est-il écrit. Il s'ensuit que la voix de la conscience même est perturbée et risque de ne plus être écoutée comme elle le doit. En s'éloignant de son Créateur, l'homme est ainsi livré à lui-même. N'ayant plus de guide essentiel, il fait ce que lui plaît et aura tôt fait de se tourner vers les choses agréables à entendre et les « fables ». L'apôtre Paul le souligne parfaitement dans les épîtres : « Dans les derniers temps, les hommes *ne supporteront pas la saine doctrine*, mais ayant la démangeaison d'entendre *des choses agréables se tourneront vers les fables* ».

Parce que quand on vit loin de Dieu, on n'écoute pas ce qui est demandé dans Ses lois. On ne lui obéit pas et l'on relègue le Seigneur à l'arrière-plan de sa vie et de son quotidien. C'est ainsi que le lien par lequel Dieu a rattaché sa créature finit par se briser. Dieu laisse alors aller l'imprudent au gré du vent, comme celui-ci l'a voulu. L'adversaire – le diable – qui est toujours aux aguets, le happera dans ses filets sans même qu'il s'en rende compte.

Or ce que l'on peut voir c'est que beaucoup de ceux qui se disent « chrétiens » et « croyants » vivent journellement sans lien spirituel. Ce lien consiste à être constamment relié à son Créateur, s'instruire et étudier sans relâche pour le maintenir.

Pour cela, demandez la lumière divine qui ne sera jamais refusée. Si elle est demandée avec le fond de son cœur, une réelle conviction et un profond amour pour Dieu, vous conformez au commandement : « Tu aimeras le Seigneur ton Dieu de tout ton cœur, de toutes tes forces, de toute ton âme et de toute ta pensée » auquel il est ajouté : « et ton prochain comme toi-même ». Jésus dit que c'est le premier et le plus grand des commandements.

Il est triste de voir aujourd'hui que tout et n'importe quoi ont remplacé ce précieux rapport d'une communion quotidienne avec son Dieu, ce qui est la vie même d'un être complet.

Le spirituel doit prévaloir sur le matériel et l'intellectuel.

Si l'homme brise délibérément le lien de parenté qui le relie à Dieu, il souffre bien plus encore que de solitude.

Si notre civilisation devait s'enfoncer plus profondément dans le matérialisme et renier l'idéal chrétien, elle périrait très rapidement.

Oui, Dieu est nécessaire à l'homme, aujourd'hui plus que jamais. Ce dont les peuples, comme les individus souffrent, c'est la disparition de Dieu, cause principale de leur désespoir (Charles Gerber, Brochure, page 6, Y-a-t-il un remède ?)

Comme elles sont vraies ces paroles de Père Didon : « Nous périssons parce que les lois souveraines de la vie morale sont violées », écrivait-il (Père Henri Didon, dominicain et prédicateur, 1840-1900).

En route vers le ciel

ÉPILOGUE

En lisant ce livre on aura remarqué que sont mis en avant l'existence de Dieu, l'œuvre du Christ, le jugement dernier, la vie éternelle et le retour en gloire du Sauveur.

La vie éternelle est la chose la plus importante pour l'homme. Cette vie éternelle est dans le Christ, le Fils de Dieu. C'est sur cette terre qu'il nous faut y travailler. On ne peut y arriver que par lui. Jésus dit : « Je suis la résurrection et la vie » « nul ne vient au Père que par moi » et aussi « sans moi, vous ne pouvez rien faire ». Elle est notre destinée future, dans tous les cas pour ceux seulement qui l'auront gagnée en y travaillant dur avec persévérance.

« Sans la sanctification, nul ne verra le Seigneur », dit l'auteur de l'épître aux Hébreux dans *Hébreux 12:14*. D'où l'importance de tout faire si l'on veut l'acquérir. Avec ces affirmations faites par le Christ lui-même et son apôtre, on voit déjà avec d'autres allusions qui vont dans ce sens que l'on n'entre pas aussi facilement dans le royaume de Dieu comme l'on veut nous le laisser croire. Ce n'est pas pour rien aussi si le Seigneur nous conseille vivement et dit « avec crainte et tremblement, mettez en œuvre votre salut ».

Recherchez la sanctification si importante, elle est le résultat d'une vie d'obéissance à Dieu, à Ses lois et à Ses commandements. C'est l'élévation chaque jour un peu plus vers la sainteté du vrai croyant, sainteté qui ne sera pas parfaite que dans le ciel.

Cela à partir du moment où le vrai chrétien se tourne sérieusement et radicalement vers Dieu, c'est ce que Jésus appelle « la nouvelle naissance ». Cette progression doit durer jusqu'à la fin de sa vie.

Il n'est nul besoin d'être spécialement instruit pour connaître vraiment Dieu et l'écouter quand il parle. Quand Jésus a choisi ses apôtres, la plupart étaient des hommes simples, comme Simon que Jésus nomma Pierre et André, son frère, qui étaient pêcheurs. « Comme Jésus passait le long de la mer de Galilée, il vit Simon et André, frère de Simon, qui jetaient un filet dans la mer; car ils étaient pêcheurs. Jésus leur dit: Suivez-moi, et je vous ferai pêcheurs d'hommes. Aussitôt, ils laissèrent leurs filets, et le suivirent. Étant allé un peu plus loin, il vit Jacques, fils de Zébédée, et Jean, son frère, qui, eux aussi, étaient dans une barque et réparaient les filets. Aussitôt, il les appela; et, laissant leur père Zébédée dans la barque avec les ouvriers, ils le suivirent. » — *Marc 1:16-20*. Tous n'hésitèrent pas à tout quitter pour suivre Jésus.

Et aussi ces humbles bergers que les messagers célestes trouvèrent dans les montagnes de Juda, prêts à accueillir la venue du Messie. Ils s'entretenaient des prophéties messianiques en gardant leurs troupeaux et soupiraient après la venue du Rédempteur du monde.

Moi-même je n'ai suivi aucune école supérieure, sinon celle où j'ai appris les bases de l'enseignement scolaire. Ma mère était croyante de tradition catholique, et à part quelques sacrements que j'ai reçus, je n'ai pas eu une instruction approfondie sur la religion.

J'allais à l'église et suivais l'enseignement du catéchisme, ce qui m'intéressait beaucoup puisqu'on y parlait de Dieu et du Christ.

Dès que j'ai eu l'âge de comprendre, j'ai essayé de m'instruire sur les choses de Dieu et de chercher cet Être Suprême qui est le Dieu du ciel et qui me troublait tant. C'est en découvrant Sa Parole, la Bible, que j'ai trouvé les réponses à beaucoup de questions que je me posais et que j'ai appris à connaître le Seigneur.

Dans mes recherches passionnantes, je me suis penchée sur plusieurs livres religieux. J'étais obligée de reconnaître que la Bible, qui est la voix du Tout-Puissant, a particulièrement retenue toute mon attention. J'y ai reconnu l'action de Dieu, son désir de maintenir la relation indispensable avec Sa créature, de l'instruire et de la guider.

À mesure que je progressais dans mon étude, je sentais une aide supérieure qui m'aidait, m'encourageait et me montrait le chemin qu'il fallait prendre. C'est ce que j'ai fait en tâtonnant au début, je dois l'avouer. Mais, surtout, en persistant dans mes études qui m'ont permis d'avoir une certaine compréhension des choses que le Seigneur nous laisse comprendre et qu'Il veut que nous sachions. Il dit : « Les choses révélées sont pour l'homme, les choses cachées appartiennent à Dieu ». Or, la Bible est un livre de révélation pour l'homme et d'instruction aussi. J'ai pu lire des ouvrages d'auteurs, qui avaient, comme moi, les mêmes convictions sur l'origine divine des Saintes Écritures, sur leur véracité, leurs enseignements, leurs messages, sur les données des prophéties et leur importance, leurs avertissements, et tout ce qui sert à l'homme pour son instruction essentielle. C'est pourquoi j'ai cru bon et utile de citer quelques phrases de leurs ouvrages dans ce livre en faisant bien apparaître leur nom au début ou à la suite des citations.

J'ai voulu aussi montrer qu'il y a bien des personnes pieuses et sincères qui suivent leur Dieu et le Christ, et qui étudient les vérités bibliques et s'y attachent, comme le Seigneur le demande.

Les grandes religions et les mouvements religieux peuvent avoir des croyances qui peuvent différer entre elles. Pour ma part, j'ai demandé humblement à Dieu dans mes prières de me guider. Il a désigné Son Fils Jésus-Christ comme celui que l'on doit écouter et suivre.

Le Seigneur enseigne dans Sa Parole de suivre et obéir à Ses lois et à Ses ordonnances et surtout croire à Son Fils le Christ, à Son action et à Son sacrifice, pour sauver beaucoup d'hommes. Ce sont des conditions de foi et de salut.

C'est lors du baptême de Jésus que Dieu a fait entendre Sa voix du haut des cieux et devant la foule, quand Il désigne Son Fils Jésus Christ par ces paroles : « Celui-ci est mon Fils bien-aimé, en lui j'ai mis toute mon affection » et aussi « Écoutez-le ».

Aussi ma seule feuille de route est la Parole de Dieu, car c'est lui qui parle à travers elle.

Je remercie le Seigneur de me permettre de le connaître, de l'aimer, de m'avoir permis et aidé à écrire cet ouvrage pour qu'il soit lu. Mon but est que ce livre guide les personnes qui Te recherchent, mon Dieu, Te trouvent dans Ton Saint Livre.

Je peux dire aujourd'hui que le Seigneur a guidé mon destin et fait concourir les événements de ma vie au but qu'Il a marqué pour moi. C'est-à-dire mon espoir d'arriver au salut. Comme Il fait concourir les événements sur la voie du salut de ceux qui croient en lui, qui l'aiment de tout leur cœur et lui obéissent. « Avec crainte et tremblement, mettez en œuvre votre salut », dit le Seigneur. C'est donc qu'il faut y travailler sans relâche et avec persévérance.

Aussi je me rangerai au côté du roi David quand il s'adresse à Dieu dans *Psaumes 139:24*. Il lui dit : « Regarde, si je suis sur la mauvaise voie et conduis-moi sur la voie de l'éternité ». Il dit aussi : « Quand tu es à ma droite, je ne chancelle pas ». Et Jésus a dit à Ses disciples avant de monter au ciel : « Voici, je suis avec vous tous les jours jusqu'à la fin du monde ». Il leur a fait cette promesse : « Je reviendrai ». Ces paroles du maître ont illuminé leur vie.

Merci au Seigneur de gloire, au Grand Vainqueur sur la mort et sur le péché que le Christ a payé de Son sang, lui le Saint parmi les saints, lui le Roi des rois, lui le bien-aimé de tout le ciel et de Son Père. Alors les rachetés pourront dire avec lui : « Ô mort où est ton aiguillon ? ô mort où est ta victoire ? ». Alors la mort et le péché auront disparus à jamais et aux rachetés Il dira : « Venez, vous qui êtes bénis de mon Père, venez prendre possession du royaume qui a été préparé pour vous dès le commencement du monde » et notre Dieu d'amour « essuiera toute larme de leurs yeux ». — *Apocalypse 7:17.*

* * *

En route vers le ciel

CONCLUSION

En conclusion on citera juste quelques points importants parmi beaucoup d'autres qui sont la volonté du Très-Haut tels qu'ils sont rapportés dans les Saintes Écritures.

- **1ᵉʳ point** : il ressort que Dieu a fait des lois que tout homme se doit de respecter, et que toutes transgressions à ces lois sont un péché. Dieu affirme que « le péché a pour conséquence la souffrance et la mort ». Or on peut constater que l'être humain est sujet à la souffrance et à la mort.
- **2ᵉᵐᵉ point** : Dieu est le seul à qui l'on doit porter un culte sincère : « Tu n'auras pas d'autres dieux devant ma face ». C'est le premier commandement du décalogue.
- **3ᵉᵐᵉ point** : il ressort de la Parole de Dieu une lumière incomparable en la personne de Son Fils unique le Christ qui a payé la rançon pour plusieurs pécheurs. Il a payé le prix de mort à leur place.
- **4ᵉᵐᵉ point** : il ressort également que le Christ est ressuscité et a promis qu'il reviendra avec puissance et une grande gloire sur les nuées du ciel avec toutes les armées angéliques. Or, Il est venu une première fois, Il a souffert la passion et la mort, exactement comme les prophètes l'avaient annoncé. Il reviendra donc en gloire, également comme il est annoncé dans les Écritures, il sera proclamé : « Roi des rois et Seigneur des seigneurs ». « Voici il vient sur les nuées, et tout œil le verra ». « Oui je viens bientôt », dit le Seigneur Jésus. — *Apocalypse 22:20*.
- **5ᵉᵐᵉ point** : il ressort qu'un jugement aura lieu, et que tout homme sera jugé d'après ses actes, ses pensées, et ses paroles : « et le Seigneur rendra à chacun selon ses œuvres ».

- **6ème point** : il ressort que la vie éternelle annoncée par Jésus et à travers les Écritures sera donnée à celui qui sera vainqueur de sa vraie foi et de son obéissance à Dieu.
- **7ème point** : il ressort qu'une résurrection aura lieu pour tous les hommes, les uns pour la vie éternelle, les autres pour l'opprobre à qui les portes du ciel seront fermées.
- **8ème point** : il ressort que le salut est offert à tous mais que seuls ceux qui y auront travaillé dur y auront droit : « avec crainte et tremblement, mettez en œuvre votre salut », est-il écrit. Jésus dit aussi : « Recherchez d'abord le royaume de Dieu et tout le reste vous sera donc donné par-dessus ». Il dit également : « Ce ne sont pas ceux qui me diront, Seigneur, Seigneur, qui entreront dans le royaume des cieux, mais ceux qui seulement auront fait la volonté de mon Père ».
- **9ème point** : il est ici un point essentiel de ce qui ressort des « textes sacrés », c'est surtout l'œuvre accomplie par le Christ qui avant d'expirer sur la croix a prononcé ces mots : « Tout est accompli », il est ainsi sorti vainqueur d'une telle épreuve et vaincu la mort par Sa résurrection.

Jésus a aussi prouvé sa divinité par de nombreux et puissant miracles devant témoins qui ont attestés par écrit ces faits extraordinaires et uniques.

C'est ici plusieurs points importants parmi d'autres tout aussi importants d'une importance capitale.

Pour ma part, j'ajoute que j'ai été élevée dans la religion de mes parents, mais que j'ai fait très tôt toutes recherches par moi-même sur tous les points essentiels que le Seigneur nous demande de rechercher et de savoir. Avec l'aide de l'Esprit Saint qui est le seul qui aide à la compréhension des textes sacrés, car sans lui on est dans la confusion. « Il vous conduira dans toute la vérité », a dit Jésus. « Il est l'Esprit de vérité », celui qui a inspiré les écrivains sacrés choisis par Dieu, et qui est prêt à aider toute âme sincère qui recherche Dieu et ses vérités de tout son cœur. Le Saint Esprit est envoyé par Dieu au nom de Son Fils le Christ au vrai croyant.

Je dis avec mon cœur et avec simplicité à ceux qui souffrent, ceux qui cherchent un but à cette vie, ceux qui pleurent parfois ou souvent en silence, malgré leurs joies. Je leur dis : « jetez-vous dans les bras de Celui qui vous a créé, qui vous connaît personnellement, qui vous a voulu dans ce monde pourtant égaré et perdu par l'homme. Il vous consolera. Il est votre Père Éternel. Sachez qu'Il ne veut pas que vous vous perdiez, Il veut vous sauver, vous et vos enfants. "Tournez-vous vers moi et vous serez sauvés", dit le Seigneur des Armées. » Vous croyez qu'il veut voir Sa magnifique créature qu'Il a faite de Ses mains se dégrader et finir dans la tombe ? Non, ne croyez pas cela de Dieu le Père, ni de Son Fils, bien sûr.

Le Seigneur voit bien où le péché a conduit l'humanité, et toute Sa Création. Ouvrez-lui votre cœur, déchargez-vous de vos péchés et de vos soucis entre les mains percées du crucifié. « Venez à moi, vous tous qui êtes fatigués et chargés, et je vous donnerai du repos », dit le Christ. « Croyez en Dieu et croyez en moi », dit-Il.

Dieu peut tout, rien ne lui est impossible. Vous êtes passé par de pénibles épreuves qui vous ont écrasé, affligé au plus haut point. Sachez que celui qui voit tout a le pouvoir de transformer le mal en bien. Soyez attentifs à ce que Dieu veut faire pour vous, et qu'Il fera à coup sûr, si vous arrivez à L'aimer de tout votre cœur, et si vous lui gardez toute votre confiance. Surtout dans vos épreuves si difficiles à surmonter seuls. Isolez-vous pour parler avec lui, éteignez poste, télé et radio, et Il vous écoutera.

Peut-être avez-vous fait appel à lui quand vous avez eu peur, et il vous a semblé qu'Il ne vous écoutait pas, et vous vous êtes posé la question : « Pourquoi ? Qu'ai-je fait ? »

- **1ᵉʳ point** : peut-être parce que vous pensez à lui seulement quand vous en avez besoin et quand l'épreuve ou les ennuis sont passés, vous n'y pensez plus ou que de temps en temps. Il est écrit : « l'homme ne vivra pas de pain seulement, mais de toutes paroles sortant de la bouche de Dieu ». Or, on s'alimente chaque jour avec du pain, on doit pour le Seigneur se nourrir encore plus chaque jour de Ses paroles qui nous conduisent à la vie éternelle.
- **2ᵉᵐᵉ point** : peut-être voit-il que vous n'avez aucun intérêt pour Ses lois, et Ses commandements, Ses avertissements, si c'est le cas il vous manque l'obéissance, la connaissance.
- **3ᵉᵐᵉ point** : peut-être ne confessez-vous pas vos péchés sincèrement ou vous ne vous confessez pas du tout, vous n'avez donc pas son pardon. Il est écrit : « Il n'en est pas un qui fasse le bien, pas même un seul ». Et aussi : « tous ont péché et sont privés de la gloire de Dieu ».
- **4ᵉᵐᵉ point** : le sacrifice du Christ ne vous tient-il peut-être pas à cœur, ou très peu, ou pas du tout. Il vous manque l'essentiel.
- **5ᵉᵐᵉ point** : vous n'étudiez peut-être pas les Saintes Écritures qu'Il a mises à votre disposition pour vous instruire. Il vous manque la connaissance.

L'exaucement des prières passe par toutes ces conditions ; toute demande à Dieu doit se faire au nom du Christ. Plus même, si vous vous confessez, il faut avoir la ferme intention de ne pas reproduire vos écarts de conduite. Il est écrit « que le Seigneur n'a pas égard pour celui qui garde l'iniquité dans son cœur ».

Et dans les Psaume il est dit : « Celui qui détourne l'oreille pour ne pas écouter la loi, Sa prière même est une abomination devant Dieu ».

Enfin, je vous dis : Attachez-vous à Dieu de tout votre cœur, aimez votre Dieu, attachez-vous au Christ le Sauveur qui promet de revenir dans Sa gloire. Soyez de ceux qu'Il prendra avec lui lors de son retour « afin que là où je suis ils y soient aussi », dit Jésus en s'adressant à Son Père. « Celui qui croit en moi, oui celui-là vivra quand même il serait mort, et je le ressusciterai au dernier jour », dit le Sauveur. Ne vous détachez jamais de lui. Dieu vous aimera si vous aimez Son Fils et si vous l'écoutez. « Aujourd'hui, si vous entendez Sa voix, n'endurcissez pas votre cœur » est-il écrit. Soyez confiant en celui qui ne ment jamais.

Si la Bible apporte espoir et consolation, elle ne berce pas pour autant les gens d'illusions ; elle met les vérités bibliques en relief, et si elle heurte quelques oreilles sensibles, c'est qu'elle a aussi pour but de mettre en garde et renvoie ces personnes à la lecture des Saintes Écritures. « Car la bouche de l'Éternel a parlé ». *Ésaïe 58 :14.*

* * *

En route vers le ciel

Table de matières

	Préface	7
1.	Connaître Dieu	11
2.	Jésus Christ	17
3.	Le Saint-Esprit	21
4.	La Bible, la « Parole de Dieu »	27
5.	Le péché	35
6.	La foi, la vrai, celle qui sauve	41
7.	La Loi de Dieu, les commandements	49
8.	Le salut, la vie éternelle	55
9.	La repentance, la confession et le pardon	61
10.	Satan	67
11.	Le sacrifice du Christ	71
12.	Le retour de Jésus Christ	75
13.	Le Jugement Dernier	81
14.	Les bons anges	91
15.	La prière	95
16.	L'apostasie : déclin religieux, et rejet de Dieu et de Ses lois	99
17.	Prophétie	103
18.	La mort, la résurrection, la mort éternelle	107
19.	Le pécheur, le temps de grâce	119
20.	Le juste, en route pour l'éternité	125
21.	La vie sur terre, pourquoi ?	127
22.	Des choses agréables à entendre	131
23.	Dieu notre Père Éternel et nos morts	135
24.	La mauvaise voie	137
25.	L'homme, un être créé	139
26.	Dieu vu par l'homme aujourd'hui	141
27.	Appels et avertissements du Seigneur	143
28.	La création de l'homme	147
29.	Le jour de repos : le 4ème commandement du Décalogue	151
30.	Le lien spirituel	157
	Épilogue	161
	Conclusion	167